Elife

會做人才能把事做好

「人」只有兩撇，
寫起來簡單，
做起來難！

王淑俐 著

三民書局

國家圖書館出版品預行編目資料

會做人，才能把事做好／王淑俐著.－－二版一刷.－
－臺北市：三民，2017
面；　公分.－－(LIFE系列)

ISBN 978-957-14-6313-1 (平裝)

1. 人際關係 2. 溝通

177.3　　106010594

© 會做人，才能把事做好

著作人　王淑俐
插畫設計　胡鈞怡
責任編輯　闕瑋茹

發行人　劉振強
著作財產權人　三民書局股份有限公司
發行所　三民書局股份有限公司
地址　臺北市復興北路386號
電話　(02)25006600
郵撥帳號　0009998-5
門市部　(復北店) 臺北市復興北路386號
(重南店) 臺北市重慶南路一段61號

出版日期　初版一刷　2008年2月
二版一刷　2017年7月
編號　S 541320
行政院新聞局登記證局版臺業字第〇二〇〇號

ISBN 978-957-14-6313-1 (平裝)

http://www.sanmin.com.tw 三民網路書店

叢書出版緣起

現代人處在緊張、繁忙的生活步調中，在承受過度心理壓力而不自知的情況下，逐漸形成生理與心理疾病，例如憂鬱、躁鬱、失眠等，這種種的問題，不僅呈現在個人的身心層面，更可能演變成為家庭破碎的悲劇，甚至耗費莫大的社會成本。我們從近年來發生的自殺、家暴、卡債族、失業問題等種種新聞中，不難發現問題的嚴重性，這些可能正發生在你我身邊的真實生命故事，也讓許多人不禁發出「我們的社會究竟怎麼了」的喟嘆！

面對著一個個受苦而無助的靈魂，我們能夠為他們做些什麼？而身為對社會具有責任的文化出版者，我們又能為社會做些什麼？這一連串的觀察與思考，促使我們更深刻地反省，並澄清我們的意念，釐清我們想帶給社會一些什麼樣的東西，讓臺灣的社會，朝向一個更美好、更有希望，及更理想的未來。以此為基礎，我們企畫了【LIFE】系列叢書，邀集在心理學、醫學、輔導、教育、社工等各領域中學有專精的專家學者，共同為社會盡一分心力，提供社會大眾以更嶄新的眼光、更深層的思考，重新認識自己並關懷他人，進而發現生命的價值，肯定生命的可貴。

要解決問題，必須先面對問題、瞭解問題，更要能超越問題。從這個角度出發，【LIFE】系列叢書透過「預防性」與「治療性」兩種角度，對現代人所遭遇的心理與現實困境，提出最專業的協助，給予最真心的支持。跳脫一般市面上的心理勵志書籍、或一般讀物所宣稱「神奇」、「速成」的效用，本叢書重視知識的可信度與嚴謹性，並強調文字的易讀性與親切感，除了使讀者獲得正確的知識，更期待能轉化知識為正向、積極的生活行動力。

值得一提的是，參與寫作的每位學者，不僅在學界與實務界學有專精，最令人感動的是，在邀稿過程中，他們與三民同樣抱持著對人類社會的理想與熱情，不計較稿酬的多少，願對人們的身心安頓進行關照，共同發心為臺灣社會來打拼。我們深切地期望三民【LIFE】系列叢書，能成為現代人的心靈良伴，讓我們透過閱讀，擁有更健康、更美好的人生。

三民書局編輯部　謹識

二版序

轉眼間，竟然已過了十年。這期間我有什麼成長？十年之前，我很容易陷進人際紛擾，為了推動工作或教學，常與同事及學生關係緊張，如現在政治的流行用語——「過髮夾彎」。現在想來，是因為太關注自己、太在意成敗，一心想成為名師或厲害人物，所以容易與別人「碰撞」。

十年之後，我仍會與學生或某些人互動時「卡卡」，但有進步的是，知道「幸福」與「快樂」的可貴，所以較容易做到遺忘與放手、耐心與等待、讚美與感謝、認錯與道歉；也願意花更多時間與學生課後、個別談話，與家人、朋友相聚。

有時，不免計較學生是否在乎我、了解我，覺得自己的付出不值得。當我決定「縮減」下學期的班級人數時，就有學生告訴我：「如果妳縮減了，相對能幫助的人也減少了。妳還是應該多收學生，最後留下來或能因上課而找到答案的人，才比較多。」他們說服了我，所以我還是維持開放態度，讓學生選擇我、親近我，這樣我才有機會陪伴他，度過生命難關。

我慢慢變得「大方」，願意付出更多時間、心力與金錢（必要時請大家吃吃喝喝）。大方不等於裝闊或炫富，那僅止於金錢，是對人的態度裡價值較低的層次。不僅對學生，對家人也是如此。每天我都儘量與家人共同用餐，更用心地規劃及烹煮三餐。

今年的母親節，我在人際關係上又有了一些突破：我第一次開車載著坐輪椅的母親出去玩。這麼多年來，母親節我都送禮物或紅包，頂多陪媽媽在家裡吃飯（她與我同母異父的弟弟同住）。我不是沒想過帶她出去玩，但這幾年，她因中風而不良於行，我更讓這念頭「一閃即逝」，因為實在太麻煩了。

母親節前幾週，我告訴母親這個點子，問她想去哪兒玩？她還意興闌珊、一點也提不起勁，表示哪裡也不想去。結果，在約定的五月第三週的前一個週六，媽媽一早就打電話來問：「不是說這禮拜要帶我出去玩嗎？怎麼還沒來？」「啊！媽！是下個禮拜啦！」你看她多想出去走走！

當天怕媽媽不知去哪兒好，所以我備有腹案。不料真是母女連心啊！

我們想得完全相同，去程為北海岸的萬里金山（野柳及吃金山鴨肉），回程走陽金公路（霧好濃喔）。我相信那天母親是真的快樂，以後我要「每兩個月」帶她出去玩一次。

我們身邊有許多朋友需要幫助，甚至可擴及陌生人；這就是從「小愛」到「大愛」的人際關係成長歷程，願與大家一起努力。

王淑俐

民國一〇六年五月

序

多年前，開始上「人際關係與溝通」這門課時，我覺得很「心虛」，因為自己「太單純」，沒什麼人情世故的歷練。而且覺得「溝通」這種事，好像成家立業之後自然就能學會，沒什麼好教的。一些溝通高手還會說，這是「常識」不是「知識」。

多年後，我發覺自己還是「好單純」，並沒有因為成家立業而「進化」，還是常在溝通的道路上跌倒，弄得自己傷痕累累。但總不能白活，不能白白受苦；跌跌撞撞中還是「醞釀」出一些溝通「智慧」，誠心誠意奉獻出來。

奉獻給我在天之靈的父親，我知道您一直在眷顧著我。

奉獻給生我的母親，謝謝您賦予我生命。

奉獻給我最愛的丈夫、兒女，你們是我每天快樂的泉源。

奉獻給我血緣之親的手足，不論在哪裡都感受到你們的關心。

奉獻給我上進、可愛的學生，我好喜歡看到你們又有了一些進步。

奉獻給我志同道合的朋友，因為你們的提攜才有我表現的舞臺。
奉獻給我的讀者，你們才是這本書變得有價值的關鍵人物。
至今我仍是「人際溝通」這所學校的「小學生」，而且是「笨學生」，要努力的地方還好多，例如：
如何面對不守信用的人？
如何面對罵我笨的人？
如何面對有話直說，甚至惡言惡語的人？
……
期待下一本書，繼續向大家報告我「跌倒」與「爬起」的歷程。

王淑俐
民國九十七年二月

會做人，才能把事做好

目次

第3篇 職場倫理與溝通

第4篇 兩性相處與情愛溝通

相知比相愛更重要

第1篇

「會做人」之必要

「會做人」是門大學問

從小到大，父母師長最在意我們的學業成績。畢竟考前幾名、上明星學校，最容易衡量成功與否。他們錯了嗎？當然不是！只是離開學校後會發現，學業成績對於事業或人生成功的決定性，愈來愈小。有些事情不能靠考試得高分的那個腦袋來控制，人際相處就是很好的例子。年齡愈大愈覺得要了解及說服別人，好難！對於父母、朋友、親密愛人、子女、老闆、顧客的心思，也愈來愈難以正確掌握。

長大後，我們不能像小孩時任性、耍脾氣，要求別人了解我、包容我。也不能像學生時代那樣只跟「死黨」在一起，任意地與不喜歡的人「絕交」。成功的標準從「考高分」變成「會做人」，做人的困難與重要，由下面這首歌可見。

人

演唱：黃乙玲　作詞：紀明陽

人字若要寫，只有兩撇是真簡單，要做比登天還困難。
交情若讚，互相就倒相牽，得罪若翻臉，使人膽寒。

的確！「會做人」比登天還難，歌詞的最後一句說：「會做人是最希罕」。人際關係是一輩子學不完的功課，永遠可以做得「更好」，就像我的瑜伽及太極拳老師說的：「瑜伽及太極拳的進步，是沒有止境的。」。

第1章

耐操、耐磨與「獲利」的關係

——徐重仁說錯了嗎？談「社會交換理論」

全聯福利中心總裁徐重仁說：「年輕人不要計較薪水比別人低，雖僅22K，但你做了50K的工作，這是物超所值，老闆會看重你。」這番話年輕人並不買帳，只覺得是企業主繼續給員工低薪的藉口。為什麼員工要忍耐，一直被「一個人當兩個人用」？徐重仁到底哪裡說錯了？我們要不要接受超過負荷的磨練，為了達到主管的目標，一再地重做？

我剛讀大學時，因為家境清貧，為了填飽「餓扁的肚皮」得設法賺錢。有一天，看到學校課外活動組前面貼了一張「校際演講比賽」的公告，「哇！第三名就有獎金一千元！」我立即「毛遂自薦」，但學校不打算派大一新鮮人參加；經過我再三「糾纏」，他們不敵我的「厚臉皮」攻勢才勉強答應，並找了一位很好的老師——得勝高手酈如丘學姐指導我。

當我寫完演講稿交給酈學姐批改，本以為會得到她的讚賞。不料學姐卻將講稿退還給我，上面還打了好幾個大叉叉。她說：「這段要重寫，下段要重寫，下一段也一樣」。還好我實在缺錢，為了一千元的「酬賞」，不論付出多少代價都願意承受。在第二次、第三次……第N次演講稿的修改之後，我飽嚐焦慮與挫折，只剩下「嘔心瀝血」的感慨。那場演講比賽我真的得了第三名，讓我確信付出「代價」是值得的！我為什麼一直鎖定第三名？因為有自知之明，第一次參賽就以第一、二名為目標，太難達到啦！又不能得第四名，因為沒有獎金啊！

從「社會交換理論」(Social exchange theory) 來說，人是「利己」且極端「自我中心」的動物：選擇朋友時，也選能給我們最大「酬賞」(reward) 的人。酬賞不一定指物質或經濟效益，也包括：美好的感覺、讚美、榮譽、實質的幫助、感情的滿足，或是能夠避免難堪、痛苦。但是要獲得酬賞，還是需要付出「代價」(cost)，包括內外在的損失，如：花費金錢、時間、精神，失去尊嚴、沒有面子，感到挫折、焦慮等。報酬與代價之間的差額，就是「利潤」(profits)。人際互動若不能得到高利潤，也就是投資報酬率不符合期待或低於滿意度，人際關係就會改變甚至終止。人們都喜歡尋找「高報酬、低代價」的人際互動，當雙方都相信他們的報酬超過代價，也就是能獲取高利潤時，人際關係才會持續下去。

大學期間我參加各種比賽，「獲利」一直很好，因此我看待「貴人」的角度也不太一樣。**愈是對我有意見、一再要我修正缺點的人，就愈是我的貴人**。日後我面對許多挑我毛病的「人」，包括：學生、演講的聽眾、出版社的編輯、論文的審查教授等，都感到分外喜悅，因為他們挑剔愈多，我的獲利也愈大。當然我也學會了自我挑剔，也就是先說出自己的缺失，這不僅可為對方省事，別人也會覺得你很謙虛或有改過的誠意，也就不會多挑剔了。

碩博士論文撰寫期間，我的指導教授賈馥茗恩師就「虧大了」，她不僅告訴我哪些地方要重寫，很多地方根本是她幫我寫的。真不知她的算盤是怎麼打的，為什麼願意為學生「付出」那麼多？她所看重的「獲利」又是什麼？報酬減去代價後還有利潤嗎？我只知道自己絕對是「賺方」，而她呢？對於品德高尚的人來說，他們所追求的「利潤」，是平凡的我想像不到的吧！

拿到博士學位後十多年，我對於馥茗恩師仍然依依不捨（或說糾纏不清），一、兩個月就要去她那兒「挖寶」。什麼問題都想問她，只希望高齡的恩師能傾囊相授（恩師也確實如此）。我賺的實在太多，有時會覺得不安與愧疚。而今恩師已然仙逝，但就如沖繩歌手夏川里美的經典歌曲〈淚光閃閃〉，被翻唱成國語版的〈陪我看日出〉所唱：**「雖然一個人，我並不孤獨，在心中你陪我看每一個日出。」**師生關係好像不適用「社會交換理論」，老師的付出總超過獲利，或許老師的獲利就是希望學生能獲利吧！

當別人挑剔我們，要我們多做，一般人都會反駁：

「我覺得這樣已經夠好了，為什麼還要改？」

「你太挑剔了，我做不到！」

「天啊！要怎麼做，你才會滿意啊？」

可惜，人們還是不夠精明，對於獲利及酬賞的評估過於「短線操作」。也就是說，對於不能立即獲利的事就不願付出代價。但是，以「耕耘收穫」

的因果關聯來看，怎麼可能會「低代價、高報酬」呢？若不願付出代價，怎能「不勞而獲」？而且將願意指導及提拔我們的貴人拒於門外，實在不夠聰明。

真正聰明的人會想到自己要獲利，就應先幫助別人得到「高酬賞」。寂天菩薩說：

這個世界上不管有什麼樣的喜悅，完全來自希望別人快樂；這個世界上不管有什麼樣的痛苦，完全來自希望自己快樂。（摘自《西藏生死書》，頁一二九）

明智的達賴喇嘛十四世對這句話的詮釋是：

如果你試著克服自私的動機、瞋怒等等，並發展對別人更多的慈悲，最後你將獲得比本來還多的利益。所以，有時候我說「聰明的自私人」應該這麼做；「愚痴的自私人」總是為自己著想，結果是負面的。（摘自《西藏生死書》，頁

（一二九）

人類既然克制不了私心，不如「轉個方向」，做個聰明的自私人。先為別人著想，對別人更慈悲，久之自己也會獲利；而且長期下來，絕對比「自私自利」者獲得更多。我決定學著做「聰明的自私人」，以上課來說，更關心學生一些，多說一些溫暖、鼓勵、讚美的話。實施沒幾週，效果就好得不得了！不僅學生更高興來上課，下課了也依依不捨。我也因為多看他們的優點，覺得他們更可愛；真是雙贏的結局！

我與陳純適校長結為好友，是因為她約我到屏東的南榮國中演講。前置作業由林主任負責，她十分積極熱忱，知道我白天要演講或上課，所以晚上才聯繫得到我。這一點林主任和其他行政人員不一樣，一般人「公私分明」，白天找不到人，還是等到第二天上班時再「碰運氣」，絕不肯「浪費」私人時間來處理公事。而林主任「公而忘私」的工作態度，絕對能「使命必達」。

到了南榮國中，充分感受到陳校長及同事「會做事，更會做人」的精神。其實我只是去演講，陳校長卻一再留我下來到她家住一晚；她說，這樣才能「談心」。的確，這一晚讓我們成了一輩子的好朋友，當然主要是純適待人的真心所致。

我去的那一天，她及同事們付出時間、心力陪伴我，包括一起吃午餐、晚餐，甚至準備宵夜。晚上吃完大餐，與陳校長回家的路上。我只是隨口問起潮州有名的「燒冷冰」，不料才到家，林主任就買了「燒冷冰」送過來。唉！他們真的好用心哪！

現在你能明白，為什麼「多做」的人比較容易成功；以及，成功的人為什麼願意「多做」的原因了吧！

第2章

如何成為「人氣王」？

——談馬太效應、榮格的性格理論

拜「網路」之賜，如今只要一臺「電腦」就可以購物、聊天，滿足生活所有需求，不需要與人「真實」接觸。然而也因如此，人們漸漸「不習慣」甚至「害怕」與人接觸。變得沒有朋友，愈來愈孤獨。而朋友比較多的人，卻愈來愈有人緣，「朋友」都被這些「人氣王」吸走了。這就是「馬太效應」，一種「贏者通吃」的現象。

「馬太效應」(Matthew Effect) 源於《新約・馬太福音》第二十五章，經文說：有一個人要到外國去，臨走時叫了僕人過來，把他的家業交給他們。他按著每個人的才幹給予不同的金額，一個給五千，一個給兩千，一個給一千。這三個人拿了錢之後，也有不同的處理方式；拿五千的隨即去做買賣，又賺了五千。拿兩千的也照樣另外賺了兩千。但是領一千的那個僕人，卻在地上挖一個洞，把主人給的銀子埋起來。

當主人回來時，拿五千及兩千銀子的僕人都說：「主人啊！你交給我五千（兩千）銀子。請看，我又賺了五千（兩千）。」於是主人便對他們說：「好，你們這良善又忠心的僕人，我要派許多事讓你們管理，讓你們與我一起享受快樂。」

輪到拿一千的僕人，他說：「主人啊！我把你給的一千銀子埋在土裡。請看，你的銀子在這裡。」主人生氣這個僕人的懶惰與愚昧，為了懲罰他，於是吩咐其他人：「把他這一千銀子拿回來，給那有一萬銀子的僕人。**因為凡是努力而有收穫的，還要再多加給他，教他更有剩餘；不努力而一無所獲的，就連他原本所有的也要奪過來。**把這無用的僕人丟在外面的黑暗裡，在那裡他必要哀哭切齒了。」

把一千銀子埋在土裡而不做任何努力，就是《聖經》所謂「又惡又懶的人」、「無用的人」。不事生產的人，不但原先擁有的財物會被收回，而且還會被遺棄在黑暗裡獨自懊惱及痛哭。努力生產的人，不僅可以得到自己努力的成果，還有機會接收不努力者的財物。

依此類推，人際關係若「擺著不管」，你的朋友最後也會被努力維護友誼的人接收。友情或親情若未持續經營，會逐漸疏離至完全消失。反之，用心耕耘的人，將超出原先預料的收穫。**獨行俠會更加孤單，人氣王受歡**

迎的指數則居高不下。

「敵對」招致「敵對」，「配合」得到「配合」。愈多的「敵對」招致愈多的「敵對」，愈多的「配合」得到愈多的「配合」。

即使經濟上貧富不均，也很難以「共產主義」齊頭點式的平等來消弭，更不用說人際關係的貧富不均了。受到「馬太效應」的影響，使「多的愈多，少的愈少」；所以，聰明的你，一定要這麼做：

◎希望別人多幫助你，就要先多幫助別人。

人際之間，互相幫助的質與量「成正比」。沒有人希望自己四處碰壁，都期待左右逢源、貴人相助。那麼就要從現在開始，多多儲存「助人的存款」，以後才可能「連本帶利」大豐收。

◎儘量實現每次的承諾，才能累積信用。

君子重然諾，個人的可靠程度，依他是否遵守承諾而定。不要讓別人對你抱持期望，之後卻接著失望。期望愈高失望也愈大，最後沒有人願意將事情託付你。這或許就是很多人婚姻不成功，以及事業上無法升遷的主要原因。

其他增進人際關係之「馬太效應」有效作法包括：

◎常與朋友連絡與聚會，使友情定期「加熱」及「保溫」。

友情需要經營，人是感情的動物，如果沒有時時「增強」，久之感情也會變冷。若無足夠的付出，包括物質上的禮物，精神上的談心，一段時間後，友情也會消失。

◎多看別人的好處，愈能體會別人對你的好。

我們不可能只跟相同的人在一起，或把別人都變成相同的人。「性格不合」是婚姻破裂或同事相處不睦的常見原因，卻不是合理的原因。性格不合不僅是正常的現象，而且還可「截長補短」。只要能多看對方的優點，就能從中獲益。

◎能對別人更包容、更有禮貌，愈能發現每個人都很好相處。

當我們發現別人變得更好相處，或不認為有人難以相處，通常不是因為對方改變了，而是我們更善解人意。反之亦然，如果我們不能自求改善，卻一直挑剔別人，每個人都會惹你心煩。

◎更常上臺，多練習「公開說話」，愈能成為說話高手。

怕上臺的人常把機會推掉，結果愈來愈遺憾，愈擔心自己的上臺表現。正確的做法是要克服逃避與懶惰的心態，鼓舞上臺的勇氣與決心，才能逐漸減少怯場，甚至喜歡上臺。

◎愈能自我節制、不出口傷人，愈能謹言慎行，不會禍從口出。

隨便說話而傷害別人是個壞習慣，最糟的是毫不自覺。若能細心察覺自己的言語給別人的感受與影響，就愈能減少語言暴力，不會「禍從口出」。父母師長尤需留意，以免傷害孩子一輩子。

◎愈能對別人讚美與肯定，愈能得到別人正向的回饋。

我們都害怕別人敵對的反應，都渴望獲得友善的配合；可惜事與願違，愈擔心反而愈容易發生，成為人際互動的心理陰影。因為害怕受傷害，所以難以對人敞開心胸。其實只要顛倒過來就對了，既然渴望獲得友善，就應先釋出大量「善意」，才能得到對等的回應。

◎做事靠知識及能力，做人則靠經驗與性格。

以「經驗」來說，有些人很會讀書，卻欠缺與人相處及合作的能力。甚至因為成績太好，從小到大都「眾星拱月」、備受呵護及讚美，結果不懂得如何關心及照顧別人。

《愛，醫藥與奇蹟》一書作者西格爾（Bernie S. Siegel）博士是位小兒外科醫生，他發現家中排行老大及獨子的人，可能很會做事、能成為專業人士；卻不如排行老四、老五或老么的人，有豐富的「與人相處及協調」的機會與能力。所以不少專家的做事效率及品質均高，卻不擅長處理人際關係，不太在乎別人的感受。只求把事情做完，不認為人際關係會影響工作成效。

我常看到有人「板著臉」做事，不肯說話或不在意如何與人互動。以航空公司來說，客戶並不真正在乎空姐穿得多好看，卻能感受她的服務態度，所以打招呼、噓寒問暖、回答問話、協助解決顧客的問題，是空服員**在職訓練的必修課程。這也應該是各行各業的培訓重點吧！**包括理工科或科技業的工程師。

李三良教授擔任臺科大電子工程學系系主任時，找我為他系上大學部及研究所開設「溝通與口語表達訓練」及「領導與溝通」等課程。李主任認為：**「專業能力再強，若不能與人互動，仍然無法發揮所長，工作上也會遇到瓶頸。」**

臺科大是技職界的龍頭，是企業界愛用人才的前幾名，畢業生以謙虛肯學、實作能力取勝。雖然表現已相當傲人，但臺科大不以此為滿足；除了技術面之外，還要加強學生態度及一般能力的競爭力。以領導或溝通方面的課程來說，若不能「知行合一」，將理論與技巧融會貫通，經實際練習而熟能生巧，仍然只是空談。為了實作與練習，李主任在大學部安排三小時的課程；幾年下來，我覺得李主任的期望已夢想成真；選課的學生不論是準時上課、學習動機、參與討論、上臺說話、師生互動、團隊合作、同儕關係、組織協調等各方面，都愈來愈積極、熱烈、靈活、獨特，令人讚嘆不已。

有人以天生的「性格」作為自己不擅長人際溝通的藉口，「性格」真的會影響溝通表現及效果嗎？

瑞士精神醫學家榮格（C. G. Jung）將人格分為內向型（introvert）及外向型（extravert）兩類，前者行事判斷較受個人內在、主觀及想像世界的影響，後者則較受外在環境客觀事實及證據的影響。外向型的人會覺得自己有較多事實依據，內向型的人較依循自己內在的想法，有時會「抗拒」外在世界。但是**榮格認為，根本不存在純粹外向或內向型的人。有的人很平衡，受內在及外界的影響，幾乎一樣多或一樣少**。所以要分清外向或內向非常麻煩，只是當一個人較傾向外向型，與另一個較傾向內向型的人相處時，很可能一方的主要價值恰是另一方討厭的，於是價值觀或認知的落差，會構成溝通的困難。

後來有人引申，內向型的人愛沉靜、易羞怯，處事能力勝於處人；外向型的人好活動、喜社交，處人能力勝於處事；這種說法是否正確，還值得商榷。但我們不必自我侷限，一定要區分自己或別人是內向型或外向型，多半的人是混合型。而且，**內向型的人不一定不擅於社交，也許正因為他重視內心世界，所以更能與人成為知心好友。最重要的是我們要多與不同類型的人交流，並尊重對方，以免構成不必要的溝通障礙。**

無論如何還是要注重人際關係，工作不單只是工作，如果**只求把工作快快做完，就顯得枯燥且欠缺人情味，對自己及對方都是殘忍的事。**喜歡工作就要從喜歡工作當中的人開始，使大家都能樂在其中、從中獲益，不要只是敷衍了事，甚至不了了之。

第3章

世界上最遙遠的距離是……？
——談「人際距離學」的意涵

某次，我到一所國小演講，該校的輔導主任特別要我多說些親師溝通的內容，因為有些老師似乎不太能體諒家長的心情，所以容易發生親師衝突。

那是個小型學校，老師人數約三十。當天為了拉近彼此的距離，所以我將會場座位由原本的六區塊，合併為更靠近的兩大區塊。然而有五、六位老師卻「不願意」與大家坐在一起，堅持坐在後面「不希望你注意」的角落，有意無意地與大家「拉開」距離。我請輔導主任幫忙邀請這些老師「坐進來」，他們怎麼都不肯。主任只好無奈地搖頭，並悄悄對我說：「就是這些老師，不太能體諒家長的心情。」

當天，我並沒有堅持那些老師「一定」要改變人際距離，坐得更靠近一點。而是尊重他們的感受，支持他們的選擇；但也不因距離而忽視他們，反而更努力拉近彼此身體及心靈的距離。做法包括：保持與他們眼神的交流，演講中適時地接近他們，並製造問答的互動。中間休息時段試著靠近他們，進行非正式的互動，藉此了解他們的態度與想法。

在我大學授課的班上，也有這種「神秘客」或「獨行俠」；常常遲到，喜歡坐後面，一下課就瞬間消失。不僅不主動與老師、同學互動，萬不得已必須找老師或同學時，說話絕對簡短。如果這類學生能準時交作業、不缺課、考試達到標準，還能相安無事。然而習慣與老師及同學保持距離的學生，也常是作業及考試不合乎標準的人。因為他們不清楚老師期待達成的學習目標何在，也不知道同組其他同學的小組作業情況。

好多次我想找這類學生詢問：「為什麼遲到啦？為什麼不來上課啦？寫作業或考試有何困難啦？對老師的授課有何建議啦？」都因他們「神龍見首不見尾」的習性，而不了了之。最遺憾的是，等我發現他們期末作業或考試狀況欠佳，可能面臨被當掉的危機時，已經到了電腦上傳成績的最後期限。每次我都懊惱，為什麼不能把他們拉得更靠近一點？為什麼不能及時幫助他們？或是，為什麼他們不願靠近別人？他們不願接受別人的幫助嗎？所以，現在我都提前「因應」，富士山不會靠近我，只有我走向富士山。

不太有同理心與「人際距離」之間，有什麼關聯？研究溝通行為與人際關係相關的學問，稱為「人際距離學」(proxemics)，又稱「近體學」。美國人類學家霍爾 (Edward T. Hall, 1969) 將人際距離分為四類：

1. **親密距離**：十八吋（約四十五公分）之內，是和親近的人相處的空間，可直接碰觸到，還可用耳語說話。

2. **個人距離**：十八吋到四呎（四十五到一百二十公分），是一般的交談空間，能伸手碰觸到對方。

3. **社會距離**：四呎到十二呎（一百二十到三百六十公分），是與老闆、醫生、顧客等較正式的互動空間。

4. **公眾距離**：超過十二呎（三百六十公分），是演講或教室上課時，一對多的互動；但這樣的距離，也不太能進行個別互動。

由這四種距離即可看出某個人與另一個人目前的關係，還可「舉一反三」地延伸思考：

1.想要改變人際關係，先要改變人際距離。反之，若不想改變人際距離，就象徵不想改變人際關係。

2.要設法不著痕跡地接近別人，尤其是拉近心理距離。想拉近人際距離，雙方都有意願固然最好；但單方有技巧地靠近，效果也不錯。若對方暫時抗拒你，不喜歡你「拉近」距離；還是要尊重他的選擇，不要操之過急。

3.拉近身體距離後，慢慢就可拉近心理距離。想拉近身體距離，就象徵也想拉近心理距離。先拉近身體距離，之後才有機會增進心靈的默契。

「靠近」是非常重要的觀念與行動，現在不做，將來就會後悔。就如〈靠近〉（演唱：庾澄慶，作詞：姚謙）這首歌所唱：「世界如此忙，忙得你和我都失去了判斷；贏了所有失去最初的夢、最愛的人、最好時光，一切不能重來。」

我們不僅要走出角落，還要慢慢靠近別人，進而幫助那些躲在角落的人。要如何開始呢？首先，我們要多靠近自己「最愛的人」。

上課時，我常「感性」地提醒學生：學習「做人」的最佳場所是家庭及家人，尤其是父母。因為爸媽是全世界對我們最為真心誠意、全心全意的人（扣除虐待及忽視孩子的少數父母），若不能體會及回饋，這世上，就沒有真情可言了。此時，我會以「感性」的聲音唱著〈母親的手〉（作詞：陳建名，作曲：王建勛）：「寒冬為我蓋暖被，夏日為我拭去汗水。付出從不求收回，從那白天忙到深夜。」以及〈時間都去哪兒了〉（作詞：陳曦，作曲：董冬冬）：「記憶中的小腳丫，肉嘟嘟的小嘴巴，一生把愛交給他，只為那一聲爸媽。」

德蕾莎修女曾說：「愛的相反不是恨，而是冷漠。」所以千萬不能對人冷漠，尤其是親子之間。希望所有為人父母者都能「及時」且「多多」靠近子女，把握這難得的情緣。因為我發現，**現代學生的冷漠或心理疾病，許多原因來自被父母忽視、壓制，甚至遺棄等不當對待**。年幼時欠缺足夠的溫暖、熱情，長大後自然變得冷漠、自我防衛，甚至不信任及攻擊別人。

學習如何做人，就從與父母互動開始吧！然後推展至老師、同學、朋友、老闆、同事身上，甚至只是一面之緣的人（如客戶、公車司機）。這樣做，保證你不會吃虧，還會因為親和力而獲得意外的收穫。以我當老師的經驗來說，我很喜歡學生對我微笑，更不反對學生誇獎我課上得好。我也是人嘛！也希望得到別人的讚賞與關心，這樣會感動、快樂一整天。爸媽、親密愛人、顧客、老闆也是人，也需要我們的溫暖與熱情。

拉近人際距離的努力，有一個很大的阻力，那就是「手機」。放眼周遭，幾乎都在「滑手機」。大家都願意「靠近」手機，即使知道它只是一個「工具」而不是「情人」，仍為它深深著迷、無法自拔。這是誰的責任？會有多大損失？**當我們將眼睛、身體、心思貫注在手機上，是否看到身旁家人、情人、朋友的傷心與失落？是否感受到這社會變得愈來愈冷酷？**

第4章

自信、自大與自卑的界線

——「社會學習理論」的仿效、阿德勒的「自卑感」

克莉絲汀，我又帥又有爵位，妳一定會選我而不是那個怪物對吧！
爸爸明明希望我能成為一個獨立的歌劇女伶，為何不讓我好好唱歌就好？為什麼要依賴男人？
克莉絲汀，妳不選擇我一定是因為我的臉對不對？！不跟我在一起我就詛咒這世界！

有一則令人好難過的社會新聞：

雙胞胎孫子為了錢竟夥同朋友向阿嬤行搶，甚至將阿嬤綑綁、勒頸。要不是阿嬤裝死，恐怕真會被親手帶大的孫子殺死。雙胞胎出生二十天起，就由阿嬤拾荒、做手工、賣菜一手帶大；阿嬤為了他們，十幾年沒給自己買過衣服，門牙掉了都捨不得花錢補（雙胞胎的父親入獄十年）。基於補償心理，阿嬤對孫子非常溺愛，即使他們在校偷竊老師、同學的財物而被處罰，阿嬤還是護著孫子向老師理論。孫子在外耍老大、出手闊綽，錢都向阿嬤拿，要不到就偷。結果阿嬤還怪警方：「我孫子那麼乖，為什麼一直找他們？」輔導雙胞胎的少年隊也表示，阿嬤太溺愛孫子。

這次孫子開口就要一萬五千元，阿嬤覺得孫子花錢沒節制，所以沒答應。沒想到，孫子竟然對她直接搶走了十萬元，最後花到只剩六千多，傷透了她的心，所以才報警。阿嬤說：「現在連棺材本都沒了。這次一定要讓他們得到教訓，改過才能回家，否則下次可能會拿刀殺我。」

另一則也是阿嬤帶大孫子的新聞，結局就完全不同：

六十二歲的謝春好，在丈夫離去、兩個兒子相繼入獄且婚姻破裂後，一人獨立撫養五名年幼的孫子女。十年來僅靠她當看護工、清潔人員，一家六口擠在七、八坪的矮屋內，睡在地板上，以每月幾千元的收入及一萬多元的補助度日。但阿嬤很感恩：「老師們都很好，讓孫女打包營養午餐，好心人不時送蛋、送衣服來。」阿嬤一再教育孫子女，長大後要回報每一位幫助過他們的人。孫子女都孝順貼心，他們說，看到阿嬤每天早出晚歸，「像陀螺不停地轉」，既感恩也不捨，「阿嬤就是我們的母親」。

阿嬤愛孫子，願意為孫子犧牲一切，為什麼有的孫子忘恩負義，有的則能表現最好的一面來報答阿嬤？

從班度拉 (A. Bandura, 1968) 的「社會學習理論」(Social learning theory) 來看，行為是學習（模仿）的歷程；也就是藉由「旁觀者」身分，觀察別人的行為，進而學習別人的行為，此稱為「勿練習的學習」(no-trial learning)，又稱為「觀察學習」(observational learning) 或「代替學習」(vicarious learning)。模仿的對象不論好壞，都是「楷模」(model)。由此可見，楷模能否「以身作則」，就非常重要。

若阿嬤懂得感謝別人的恩惠，對孫兒的付出無怨無悔，孫子就知道阿嬤的恩情，不讓阿嬤的辛苦白費。幾乎被孫子勒死的那位阿嬤，在孫子犯錯時還責怪學校、警察找麻煩，難怪孫子有樣學樣，犯了大錯也毫無悔意。

不只是阿嬤的溺愛，會使孫子愈來愈「沒大沒小」。如今少子化的時代裡，父母也常因「疼子」，以致孩子對父母說話的措辭、口吻、態度的惡劣，到了令人震驚的地步。有些電視節目還「凸顯」這類親子、祖孫、婆媳間大吼大叫、動手動腳的衝突，把這當做正常，彷彿不這樣就無法「交談」。

幸好還有些具備社會責任的電視節目，善用偶像明星的楷模力量，改變青少年待人處世的態度。例如有個節目，為了改變一位少女脾氣暴躁、對家人說話不客氣的習性（例如「干你屁事」這類的話）。請來少女的偶像潘瑋柏，製造「讓偶像到你家」的驚喜，藉著偶像之口來規勸少女（家人認為這樣做，少女才肯「聽話」）。潘瑋柏說：

我以前對父母、兄弟姐妹說話的方式，也像妳一樣，很兇，講話會嚇到人。但其實，家人都很關心你，很愛你；現在我出來工作後才明白，所以不會再用那種態度對待家人了。也因為回家的時間少了，更珍惜和家人的相處。而且不管外面的東西再好吃，都比不上媽媽做的菜。妳二姐真的很關心妳，這次就是她安排讓我來看妳的。

血緣之親、疼愛兒孫固然是天性，但**父母、祖父母若不能成為好的楷模，對下一代的負面影響，無法以撫養的恩情來功過相抵！**有一次我搭高鐵看到兩對年輕媽媽帶著年幼的孩子的互動情形，更證明了楷模的重要。

第一個約三歲的小女孩，一直在車廂內奔跑，媽媽只好跟著一起跑；幾次下來，媽媽也跑不動了，就大聲遏止：「不要動！罰站！」孩子不聽，仍繼續跑，媽媽氣得說：「我不想再看到妳了。」但又不能不管她，只好強把孩子抱回座位。接著就看到媽媽打孩子的耳光，以及孩子的尖叫大哭。另一個媽媽帶著的也是三歲左右的小男孩，他卻能好好待在座位上，或看書或畫圖或睡一會兒。除了上廁所，沒有隨意離開座位。一路上他的母親都輕聲細語與他聊天或說故事，沒聽到任何大聲說話或責罵。

小女孩的母親可能覺得自己很倒楣，生到一個特別調皮搗蛋的小孩。但其實，如果把她們的兒女交換，這兩個小孩的命運也可能互換，挨打的恐怕就是那個小男孩了！

仿效作用會影響孩子的自信或自卑，報上看到一則令人佩服又鼻酸的新聞，是一位癌末媽媽對孩子的最後叮嚀。

被列為低收入戶的高雄市癌末單親媽媽李欣霓，要求三個讀國中、國小的孩子，記住媽媽的「三不一沒有」：**「不自卑、不自棄、不自殺，面對別人的嘲笑沒有關係」**。她獨自撫養三個孩子長大，在罹患癌症後無法工作，只有靠社會救助和孩子們撿拾資源維生。面對別人譏笑的眼神，國二的大姐告訴弟弟們：「功課好、品格好的同學不會笑我們；而且被笑一下，又不會痛，我們一定要努力。」媽媽也一再告訴孩子：**「窮沒有關係，又不偷不搶，沒有什麼好自卑的。」**

媽媽知道「受教育」是孩子日後自立的唯一機會，所以她跑遍住家附近一、二十間補習班，硬著頭皮說自己是低收入戶，能否免費補習。大多數補習班都委婉拒絕，有的還直接說：「沒錢就不要學了嘛！」但她不死心，終於使兩家補習班受到感動。

成長過程中，大姐就是透過這些免費資源，學會了彈鋼琴、吹長笛、彈琵琶、游泳、英打；她說：「只要是免費的，我都想學！」

媽媽雖想為孩子活久一點，但仍在短短四個月後往生。臨終前她提出另一個「三不一沒有」：**「不分開、不受虐、不失學，心中沒有恐懼」**。

對於三姐弟來說，貧窮、單親、失親及寄人籬下，難免使人產生自卑感。所以媽媽才強調「不自卑」，希望他們能努力消除環境中的不利因素。成長的過程中，因撿拾垃圾或請求別人免費補習，可能遭到別人「異樣的」眼光。在單親、失親、依親的環境中，也容易因為欠缺照顧及充裕的物質，而覺得「委屈」、「不公平」，甚至可能「嫉妒」、「憤恨」別人的擁有。要怎麼想、怎麼做，才能不自卑呢？這位偉大的媽媽知道，唯有接受更多的教育，才是他們姐弟未來得以自立的道路。所以她硬著頭皮，冒著被拒絕、嘲笑的風險，也要為孩子爭取免費學習的機會。她還勉勵孩子「不自棄」，不管別人如何嘲笑，都「沒有關係」。

臨終前她要孩子們團結在一起，互相支持鼓舞。絕不自居受害者，不要自覺可憐。更希望他們藉由繼續升學，具備傲人的專長，才能補償所受的委屈及不安全感。

每個人都會對自己某些不足感到自卑，但是否真的需要自卑？能否正確的補償？抑或像《歌劇魅影》的男主角艾瑞克，變得「過度補償」，強迫女主角克莉絲汀做他的新娘？如何走出自卑的陰影，才能不變成戴著「面具」的復仇者？如何消除自卑感，才不會在心中烙下無法抹滅的痕跡？成為〈被火紋身的小孩〉（演唱：曹松章，作詞：陳錫榮）所唱的：「我好希望做一個勇敢的乖小孩，爸爸媽媽！還要多久我才能走出來？」

我自己曾在演講時唱過這首歌，因為想到自己小學三年級就要「姐代母職」，帶領三、五、七歲的三個弟妹長大，不禁「悲從中來」、「泣不成聲」。那種「不如人」、「沒有安全感」的心酸，外人難以體會。但我比較幸運的是並沒有成為孤兒，還有堅強的單親爸爸可以依靠。我的爸爸也常請求周遭鄰居、親戚、朋友及老師的幫助，只要我們不自卑，他們大都願意伸出援手。我的國中老師——林金雀老師、蔡明雪老師、喻健老師，也都給我免費補習呢！

「個別心理學」創始者奧地利心理學家阿德勒 (Alfred Adler, 1870–1937) 幼年時體弱多病，四歲那年差點死於肺炎，所以他認為：人生的目標在於「追求安全感」與「克服自卑感」。阿德勒特別強調「自卑感」(inferiority feeling)，他認為這是所有人都會有的感覺，也是人之所以努力奮鬥的源頭。自卑感非但不是弱點或異常，反而是創造力的泉源，能促使人「力爭上游」。

自卑感是指一種卑微、不如人的感覺，是由於生理、心理的缺陷，抑或環境的改變而產生。為了克服自卑感，心理上會產生「補償」的自我保護傾向，企求：快樂、勝利、知識、財富、藝術、整潔、生命、自尊而努力（詳參賈馥茗著：《人格心理學概要》，頁五十－五十一）。「補償」(compensation) 是精神分析論的防衛方式之一，結果遠較其他防衛方式來得積極。補償是以能夠獲得勝利的活動，彌補因缺陷或失敗而喪失的自尊、自信。但若過度補償或逃避現實，形成了「自卑情結」，也會妨礙人格的正常發展。

所以要小心別過度補償而變成了自大，也就是為了否認自己不如人而

「誇大」自己的某些優點。這樣做並沒有好處，除了讓自己短暫地自我滿足，卻失去別人對你的接受與敬佩，反而因看穿你的伎倆而更加輕視你。

以「自大」來掩飾自己或攻擊別人，都不是聰明的策略。

第 5 章

自我尊重與尊重別人

——談適度的自尊與攻擊的後患

我收到一封學生的 e-mail，談到她畢業兩年來找工作的辛酸。每一次遇到挫折時，她都以〈隱形的翅膀〉（演唱：張韶涵　作詞：王雅君）這首歌來自我激勵，希望自己不灰心；無論如何都要保留一個願望，讓自己還有追尋的目標。

> 每一次，都在徘徊孤單中堅強；每一次，就算很受傷也不閃淚光。
> 我知道，我一直有雙隱形的翅膀，帶我飛，飛過絕望。

誰都希望成功，都不喜歡看來一副倒楣相；可惜「屋漏偏逢連夜雨」，不順利的事總接踵而至，讓自己變成了倒楣鬼。不僅自己討厭，大家也敬而遠之。其實通常是自己先嚇跑，別人才跟著一起逃跑。所以，**真正重要的是，失敗時，不僅自己不要跑，還要相信總有一天會令人刮目相看**；就像〈有一天我會〉（演唱：蔡淳佳，作詞：楊立德）所唱：「當太陽昇起的那一天，你再看我一遍，你將會發現我所有的改變」。

一個人容不容易被擊倒或挫敗時能不能再站起來，與個人的自尊有關。就像李小龍的電影《精武門》裡，他踢碎一塊日本人寫中國人是「東亞病夫」的牌子，代表的是維護民族自尊。

「自尊」(self-esteem) 是指「個人對自身的感受；對自己有價值感，有重要感，因而接納自己，喜歡自己。」(《張氏心理學辭典》，頁五八七) 自尊的多寡，會影響一個人在面對挫折時的態度。自尊太少，容易自認沒有價值，因而自暴自棄，使別人對你更加失望。於是，**自尊低↓自暴自棄↓別人失望↓自尊更低↓我不喜歡自己↓更自暴自棄↓別人更加失望……，就形成惡性循環**。

某位公眾人物因整型次數高而出名（自稱整型不下三十次），但她仍因為別人對她容貌的批評而崩潰。她說：「其實我很沒自信，真的會被擊敗。」在我看來，她的皮膚很好，表達也大方流暢，真不需要把個人的價值建立在容貌上，更不必以此來爭取別人對她的好感或好評。其實，一般人也不會如此膚淺，僅憑外貌就決定一個人的價值。外表只要整齊清爽，稍加巧思即賞心悅目，使人更喜歡親近。然而，真正的親和力在於你的心，只要能多關心別人，多欣賞別人，多支持別人，大家自然會靠近你、想再見到你。

自尊過高也會出問題，過度抬高自我價值，容易「敏感」自己被貶值，也不喜歡居於人後。為了維護自尊而與人爭辯，或因太執著於所相信的道理，而聽不進別人的意見。不斷與人爭辯或固執己見的結果，會造成兩敗俱傷，使人遠離你。

「適度的自尊」是指信任自己有辦法成功，不因別人的看法而動搖心志或被擊倒，也不依賴別人的肯定來決定自我價值。心中自有定見，一路勇往直前。別人總會追隨成功者，就是因為你這種成功的精神。

自尊過低或過高時，得探究原因；是否過於倚重自身的某個部分，視其為個人全部的價值，以致過於誇大其重要性。如以容貌來代表個人價值，就會過度整型。當整型結果遭到批評，則因而失去信心。即使天生麗質的人，若視容貌為人生的全部，年老色衰時就很難面對自己和別人。

適度自尊是指珍惜自己的所有，清楚自己的價值；並由自己決定哪些地方需要改善或加強。別人的意見經由獨立判斷，再決定要吸收多少。總之，不論自己擁有什麼，都覺得十分可貴，都覺得滿足及驕傲。包括：外表、家庭背景、工作表現、個人特質等。當然，永遠不要自滿，還要繼續改善。

自尊受傷時，有人會採取激烈的方式報復。報載一則「超乎想像」的社會新聞，因為「恨之欲其死」，某大學校長和副校長被人發了訃聞，不少人送了花籃、輓聯悼念。兩份訃聞中，只有未亡人、孝男、孝女的名字不一樣，而且全都是學校的教職員工。這種咒人死的「惡作劇」，可能觸犯「偽造文書」、「妨害名譽」及「恐嚇」罪。侵害別人的人格權，可以提起民事訴訟，請求精神損害賠償。

學校內部人員指出，可能是校長「新官上任三把火」，他的作風明快、行事耿直，才會造成某些人不適應。校長透過主任秘書表示，他所做的皆依教育相關法令，並無特別變革，也會繼續分內該做的事；對於「惡作劇的人」，已報案由警方偵辦。副校長則幽默地說：「剛開始，我還以為愚人節提前了呢？」

君子修養自己「無所不用其極」，如「湯之盤銘曰：『苟日新，日日新，又日新。』《康誥》曰：『作新民。』《詩》曰：『周雖舊邦，其命維新。』是故，君子無所不用其極」（《大學》傳文之二章〈釋新民〉）。而今，「無所不用其極」卻用在對付別人，以宣洩自己的不滿，真令人惋惜！

從前的「洩恨」頂多是發「黑函」，或匿名在網路上散布不利對方的消息或言論。而今直接宣判對方死刑，還要別人一起來弔唁，這樣做不僅犯了罪，也太過分了。不知道以後其他人會如何「無所不用其極」宣洩自己的負面情緒？被詛咒的人要如何處理這種惡作劇？以及如何進行心理調適？能原諒對方並且當作沒事嗎？上述這兩位校長、副校長，日後要如何面對全校同仁？會不會擔心因此動搖「人心」，而影響校譽及領導威望呢？

這個例子我們可探討兩個部分，一是領導技巧或風格，另一是人際衝突的處理。

以「領導技巧或風格」來說，有道德勇氣的人，看到道德層次不高的事物，會急迫地想要改善。但即使在「科層體制」內進行改革，還是需要透過溝通協調，且分階段實施。學校屬於「半開放式的專業組織」，教師有其專業自主權，進行改革會比科層組織困難許多，所以不能操之過急。如今提倡「學習型組織」，以「共創願景」的方式來慢慢引導，也許較為可行。在組織中，唯有成員們自發性地改變，才是長治久安之道。強勢領導不僅吃力不討好，也會提早耗掉雄心壯志。

在「人際衝突的處理」方面，阿德勒等人(R. B. Adler & N. Towne)發現，不同個性或人格特質者，在面對人際衝突時的處理態度也截然不同，共分四類

（詳參阿德勒等著：《心聲愛意傳千里：如何增進溝通》。臺北：張老師，頁二〇一－二〇八）：

一、非自我肯定型 (nonassertive behavior)：會忽略自己的需求與感受，採取退縮或投降的方式處理衝突。

二、直接攻擊型 (direct aggression)：會反應過度，不惜犧牲對方也要保護自己。

三、間接攻擊型 (indirect aggression)：不敢直接表達憤怒，採取消極、不合作的方式來暗示自己的反對或反抗。

四、自我肯定型 (assertive behavior)：能清楚表達自己的需求與感受，但不會批判或傷害對方。能與對方「面對面」地討論，或試圖說服對方。

我們都同意「自我肯定型」最好，實際上卻常勸人要「忍耐」、「習慣就好」，也就是「非自我肯定型」。其實，忍耐後不僅問題仍在，而且痛苦還會加深。甚至為了自我防衛，會轉變為「攻擊型」。

「直接攻擊」還比較好處理，因為「明槍易躲」，但「間接攻擊」則是「暗箭難防」。攻擊者不敢現身，使得被攻擊者覺得草木皆兵。不僅破壞了人際信賴，也會產生自我懷疑；難道自己是暴君，才造成別人的「抗暴」？這些直接或間接的攻擊行為，易使團體能量抵銷及耗費。尤其是「間接攻擊型」，用隱藏、偽裝的方式來表達自己消極、不合作的態度；不僅使自己成為受害者，也影響了團體的進步，可謂「雙輸」。

所以，為了小我及大我，衝突發生時大家都要設法成為「自我肯定型」。也就是能夠清楚「表達」個人的需求與感受，也能包容對方的需求與感受。「表達」是描述式的，採用說明事實及自身感受的形容詞；而不是批判式的，只是一味推卸責任，指責對方造成自己不愉快。

若對方是「直接攻擊型」，則無論如何也不要「以暴制暴」、「以頑抗頑」，反使自己的情緒操縱在對方手裡；仍要堅守「自我肯定型」的做法。

若對方是「間接攻擊型」，則要引導他將隱藏的需求及感受明確表達出來，才能「就事論事」地解決問題。或可滿足他的部分需求，至少可以增進雙方的了解。

若對方是「非自我肯定型」，表面上看不出問題，不等於沒有問題。可以私下了解或直接鼓勵他表達想法，否則他會逐漸變質為「間接攻擊型」，又抵銷了團體的部分力量。

許多人表面上說「無怨無悔」，實際上卻得了「內傷」，最後還是「雙輸」。如〈愛上一個不回家的人〉（演唱：林憶蓮，作詞：丁曉雯）歌中的無奈：「善變的眼神，緊閉的雙唇，何必再去苦苦強求、苦苦追問！」

這一頁，
留給自己……

第2篇

溝通技巧實作

溝通是需要練習的

溝通是一門應用學科，不管學了多少理論，都要靠「實作」來印證。**所以溝通不僅是「上課」的學問，更需要「下課」的練習。**「學而時習之，不亦樂乎！」溝通的「時習」或「實習」愈多，愈有心得後才會真正活用。

生活及工作要練習哪些溝通技巧？例如：輕聲細語、面帶微笑、眉目傳情、專心聆聽、生活禮儀、欣賞與讚美、關懷與鼓勵、情緒的轉換、討論與協商……。若能與父母、兒女、配偶、手足、學生、上司、同事、朋友等練習這些技巧，就會相處得愈來愈愉快。反之，若不懂或做不好上述溝通技巧，就會覺得跟別人講不通，人際困擾會愈來愈大。不僅影響學業或工作，也會破壞身心健康。研究指出，夫妻感情不好會「傷心」，也就是影響心臟健康，恐怕還會傷胃、傷肝。例如，臺灣某大家族企業第二代曾發生一樁「師生戀」的婚外情。元配也許是難捨舊情，也許是為了維護夫家的聲譽而堅持不離婚，保留著名存實亡的夫妻關係。多年來「眼淚往肚裡吞」的結果，終因胃癌而病逝。臨終前雖深獲夫家長輩的肯定，得到「賢媳」的名聲；但她的摯友都覺得不捨及不值，希望她這類的好女人不要再重蹈覆轍，不必這樣白白受苦，徒留〈新不了情〉（演唱：萬芳，作詞：黃鬱）這首歌的惆悵與遺憾：「愛一個人，如何廝守到老？怎樣面對一切，我不知道！」

若真的發生了不愉快的事，你希望能與對方好好溝通，了結這段「孽緣」，從此無牽無掛地過一輩子？還是隱忍下來，充滿無力感地過一生？請一同來練習溝通的技巧吧！

第1章

聽不到

——談「傾聽」與非語言溝通的技巧

女兒國小六年級時，拜學校「鄉土語言課程」之賜，學會了「五月天」的歌〈垃圾車〉。一唱就上了癮，從此成了「五月天」的忠實歌迷。女兒上國中時，班上有位同學也是五月天的同好。有一次他上臺唱五月天的歌，因為聲音太小或唱得太柔和，同學紛紛叫著：「你在唱什麼？聽不到啊！」這位同學如獲知音：「對耶！就是〈聽不到〉（演唱：梁靜茹，作詞：阿信）。」

「聽不到」對人際關係有什麼影響？如歌中所唱：「我的聲音在笑、淚在飆，電話那頭的你可知道。世界若是那麼小，為何我的真心你聽不到。」

當一方付出了真心，對方卻「聽不到」（接收不到），多麼令人沮喪及哭笑不得啊！自己的心情不被了解，其痛苦就像墜入萬丈深淵。反之，如能被了解，則像是置身天堂。公視《人間四月天》是齣描述徐志摩與陸小曼愛情故事的連續劇，主題曲〈飛的理由〉（演唱：林憶蓮，作詞：姚謙）所唱：「心中累積的悲傷和快樂，你懂了，所以我自由；你不懂，所以我墜落。」

為什麼會「聽不到」？原因包括：不願意聽、不喜歡聽，甚至逃避、假裝沒聽到。

「不願意聽」的狀況，多半是覺得「不需要聽」，使對方沒有表達的機會。例如：傳統上父母認為小孩子「有耳無口」，不可以隨便發表意見，所以父母當然「聽不到」孩子的心聲。男人認為女人要遵循「三從四德」（在家從父，出嫁從夫，夫死從子），女人沒有發言權，當然聽不到女性（女兒、妻子、母親）的聲音。領導者認為「君要臣死，臣不能不死」，所以也聽不到下屬的聲音。

而今威權時代已經過時，子女、妻子、下屬的聲音愈來愈壓制不住；所以，何不坦然面對，學習尊重與接納；甚至鼓勵他們發表意見，預防日後更大的衝突。

除了「威權」的傳統觀念之外，人際之間不易真正或完全聽進對方意見的另一個原因是——**「不喜歡聽」，這受到個人好惡及「同理心」多寡的影響**。能傾聽的人，是較有同理心的人；他關心及接納別人的情緒。反之，有些人從來不管別人的處境及心情，卻強將自己的情緒垃圾傾倒給對方。

這種四處抱怨、不能處理自己情緒問題的人，很難受人歡迎。

能主動傾聽的人，也能快速地成長。不管是主動抑或被迫去聽，剛開始聽到不同的聲音或相左的意見時，會覺得刺耳，心理受到衝擊。但若能忍住逃避的心理，不太在意那些不舒服的感受，慢慢就能修正昔日「自以為是」的觀點，增加與人和諧相處、共事的能力。其實，我們四周一定會出現許多不同的意見強迫我們改變；這種被迫改變不僅曠日耗時，還會弄得兩敗俱傷；不如自己主動向人請教，利己利人又皆大歡喜。

另一種主動傾聽，是為了增進親密關係，例如情侶之間、夫妻之間、親子之間、工作團隊等。然而很多人還是常常懊惱，不知道情人、配偶、子女或同事到底在想什麼？這時我們就像〈猜心〉（演唱：萬芳，作詞：十一郎）這首歌，因為猜錯或猜不著，「搭不上線」而同感痛苦。如：「這樣的夜，熱鬧的街，問你想到了誰緊緊鎖眉？我的喜悲隨你而飛，擦了又濕的淚與誰相對？」

有些人覺得自己很認真聽，卻是在對方的言語中尋找自己不同意的地方，或抓出對方的語病與矛盾。這是一種自我維護 (self-maintenance) 或自我防衛的心態，結果只變得更堅持己見及抗拒異己，無法察覺自我的主觀與封閉心態。至於「逃避、假裝沒聽到」，則是因為沒有勇氣面對真相，只好消極地放任問題坐大，錯失最佳的問題解決時機。

有時，「聽不到」是因為周遭的「噪音」或干擾太多，使我們無法聽清楚或根本沒聽到。如：環境的吵雜或不安全、語言或語意的誤解、文化或地位的差距、本位主義作祟等。即使是無心之過，仍然要檢討與突破。**除非我們確知對方或自己都「聽得到」，否則就不要進行溝通**。敷衍了事、以為說過就算了，或將一知半解當做完全聽到，都是無效或反效果的溝通。儘量養成良好的傾聽習慣，才能確保溝通的管道暢通。

好習慣包括：

1. **不要隔空喊話**：若你在廚房，另一個人在臥室，儘管說話聲音很大，對方也以「嗯」回應了，仍可能聽錯或沒聽到。因為你身旁可能有抽油煙機的聲音、洗菜的水聲，他身邊也有電視、音樂或遊戲的聲音，你們兩人都沒聽清楚對方在說什麼，就「斷章取義」，彼此早就「斷網」而不自知。所以日後不要偷懶，要養成到對方面前說話，確定他真的在聽的好習慣。

2. **確定對方已專心聽**：一方在說話，另一方卻在做別的事，根本不可能專心聽，或甚至沒在聽。另外的原因還包括說話太冗長、沒重點，或一直在指責，使對方不想聽，這時就不能怪對方沒有傾聽的素養了。說話的基本禮貌仍是要詢問對方能否給你一些時間，能否聽你說某些事情。若對方正急著處理其他事情，就擇期或晚一點再說。

溝通的技巧除了傾聽與敘述，還要能觀察與覺察（self-awareness）在「非語言溝通」方面的技巧。

王力宏演唱的〈Forever Love〉，充分說明「真愛」的理由，是因為「非語言溝通」技巧在愛情中散發了無窮的魅力。

Forever Love 演唱：王力宏 作詞：王力宏等

愛妳不是因為妳的美而已，我越來越愛妳，每個眼神觸動我的心……
感到妳的呼吸在我耳邊，像微風神奇，溫柔的安撫我的不安定。
所以我要每天研究妳的笑容，ooh！多麼自然！

愛的「非語言溝通」技巧包括：

每個眼神觸動我的心——眼睛是靈魂之窗，有什麼樣的靈性，就會表現出那樣的眼神，這種修為是假裝不來的。

感到妳的呼吸在我耳邊，像微風神奇——呼吸的氣息是「氣急敗壞」或「氣定神閒」，就會造成完全不同的溝通氣氛。前者令人焦慮不安，後者使人心曠神怡。

我要每天研究妳的笑容，ooh！多麼自然——笑容是萬國語言，也是親和力的指標。習慣成自然，就能一直維持笑容，顯得特別可愛，例如胡自強先生的夫人邵曉鈴（很榮幸常有人說我長得很像她）。反之，再漂亮的女孩若冷若冰霜，會令人難以親近甚至不想接近。**自然的笑容確實值得研究，因為這需要深厚的修為，如：包容、原諒、釋懷、幽默。**假裝的笑不是真正的功力，很快就會「破功」，如：表裡不一、認知失調、職業性的笑容。

學習溝通技巧，大部分的人只注意「說什麼」，也就是「語言溝通」(verbal communication)；卻忽略了「如何說」，即「非語言溝通」(nonverbal communication)。**皺著眉、嘟著嘴、粗聲粗氣、大呼小叫、語速太快、音調太高或太低等，說出口的話就會令人反感，甚而拒絕接受。**反之，保持微笑、表情柔和、輕聲細語、娓娓道來、語調和緩，則能「化暴戾為祥和」。男性希望女朋友或老婆會撒嬌，反之，女性也期盼伴侶溫柔體貼。對男女雙方而言，撒嬌或溫柔都不容易，都需要練習。增進「非語言溝通」的功力，需要長期自我覺察與自我改善。

「非語言溝通」包括表情、肢體語言，以及聲音的運用。

在「表情及肢體語言」方面，需要長期練習與修養的包括：

一、**真誠、自然的笑容**：要避免敷衍、職業性的「皮笑肉不笑」，就要修練欣賞別人、感恩知足的胸襟，體認工作及生活的意義，才能擁有發自內心的喜悅，而「誠於中，形於外」。我在演講當中會講笑話，常有人「笑不出來」或「很難逗他笑」，這時我的心情不免受到影響，覺得像「踢到鐵板」；更擔心長期與他相處的家人、同事，甚至被他服務的顧客心裡的滋味。面對笑不出來的自己，他應該也感到苦惱吧！

二、**情緒穩定**：叛逆期的青少年或更年期的熟齡族，常因臭臉被認為脾氣不好，這種生理現象還算「情有可原」。若是因為情緒管理能力欠佳，很難討好，就會令人「避之惟恐不及」。心情狀態不僅要自我覺察，更要自我負責。否則壞脾氣的人像「地雷」，任誰都怕一觸即發，被炸得粉身碎骨。

三、**幽默、開朗**：有幽默感的人通常有智慧，有他在的地方就不會冷場或難堪。開朗的人受到歡迎，是因為大家都怕亂倒心理垃圾的人破壞氣氛。所以我們要覺察自己是否不快樂，是否不自覺地希望別人也不快樂，所以很少面帶笑容。

四、**親和、熱忱**：親和力高的人隨和、大方，能主動幫助、配合、關心別人。有熱忱的人充滿活力、神采奕奕，看到他就如看到希望。反之，有人很冷漠，甚至顯得孤傲、不想讓人靠近。有人則一副疲憊萬分的樣子，彷彿我們是壓垮他的最後一根稻草。與親和或孤傲的人共事，就會產生截然不同的工作績效。

在「聲音的運用」方面，需要長期修為的包括：

一、**語氣委婉**：一般人習慣加重語氣，但大嗓門也是一種噪音，使人不自覺地想關上耳朵，不願再聽下去。柔和的口吻才能讓人自然地被吸引，尤其是提到某些可能引發對方不悅或誤解的批評與建議時，更要「重話輕講」；不僅在措詞方面，更在於說話的口吻。

二、**聲音悅耳**：音色是天生的，所以更要透過後天的覺察及調整，才能營造出悅耳動聽的聲音。若有嗓音問題（聲帶受損），應儘快求醫或保養，以免被誤以為「聲如其人」，久之破壞自我形象及人際關係。國人較注重皮膚及身材的維護，卻忽略聲帶保養，實在可惜！

也許有些人天生的音色不討喜，也不必灰心；仍能靠著親切、熱忱、誠懇、理性等聲音特質，贏得別人的好感與信任。

三、**輕聲細語**：國人習慣熱鬧，常不自覺地忽略其他人的存在，任意地高談闊論。尤其在公共場所，如餐廳、大眾交通工具、走廊，甚至是電影院、圖書館、博物館、教室、會議及重要典禮的喧嘩聲，更使周遭的人困擾不已、痛苦不堪。希望日後不僅要自我約束，其他人也能積極提醒，儘快改善音量過大的壞習慣。

四、**口齒清晰明朗**：不少人說話太過小聲，使人聽來吃力。尤其在電話中、公開場合的發言、面試等，不清晰、不開朗的聲音，很容易構成溝通的障礙；簡而言之，就是根本未構成「傳達」的功能。所以，清楚地說、慢慢地說、有精神地說，也是溝通的基本功。

上述非語言溝通能力修練成功後，不僅人緣、異性緣會大增，老闆緣、顧客緣也會有進展，從此就愛情、事業兩得意囉！

第 2 章

防止「暴怒」

——談溝通 EQ 的修練

晴晴覺得老闆可能肝火太旺，講不到兩句話就火氣上升；一股腦兒罵上一大串，讓下屬毫無解釋的餘地。好不容易老闆吼完了，下屬正要回應，老闆卻要大家回去工作，使被罵的人好悶。有一次老闆打電話回辦公室，晴晴還沒報出自己的名字，老闆就開始罵人；晴晴還沒說話，老闆就已掛上電話。要不是了解老闆不罵人的時候也很大聲，真的會很受傷。

可能因為老闆注重效率，而且能力很強，所以見不得下屬不夠積極，才會忍不住大聲催促吧！但運氣不好的是，除了老闆之外，晴晴回到家，還要面對老公的大嗓門。他也是容易情緒激動的人，講不了幾句話就氣急敗壞。尤其老公有「大男人」的傾向，不能容忍女人說他哪裡不好。

對於身邊這兩個大聲說話的人，剛開始晴晴都採取忍耐策略，以為老闆或老公發飆完就沒事。但真的沒事了嗎？老闆這樣對待她，讓晴晴覺得所有付出都被抹殺；老公這樣對待她，更讓晴晴傷心和擔心。傷心的是，懷疑老公到底愛不愛她？每次當他吼她，晴晴都好難受。擔心的是，若對方難以溝通或自己不想再受氣，老闆可以換，但老公呢？她真不喜歡這種溝通模式，誰說「一個願打，一個願挨」？

如果你周遭有人總愛大聲說話，你怎麼應對？萬一他是你的主管或朝夕相處的配偶，想不理他都不行，怎麼辦？如果有人以挑釁的態度對你大吼，你會怎麼回應？他是你的子女或下屬，又該怎麼辦？最麻煩的是，你可能並未覺察自己說話的聲音很大，為什麼會這樣？

在此，我們要學習的包括：當有人對你大聲說話時，如何不受影響或大聲地吼回去？要如何自我安撫與控制情緒，以免自己也成為大聲說話的人。

為什麼要大聲說話？是因為彼此相隔太遠？還是「心的距離」太遠？前者還容易改進，只要走到對方面前，確定能聽見即可。不要像從前，隔幾個房間大聲喊話。若心的距離遠了，這問題就很難克服。

要長期面對「情緒激動」或「震耳欲聾」的吼聲，若無練就一身「充耳不聞」的功夫，可能早就「魔音穿腦」而崩潰。這時可運用心理學的「抽離」或「退縮」(withdrawal) 技術——「人在」而「心不在」來應對，也就是毫不關心、視而不見、聽而不聞。於是，**說話音量就與心的距離成了正比，與溝通效果則成反比。**

為什麼容易「情緒激動」？美國耶魯大學心理學家彼得・沙洛維 (Peter Salovey) 在九〇年代初提出「情緒智商」(EQ) 這個新概念，EQ是指「認識」自己與他人的情緒，以及「妥善管理」自己與「安撫」他人情緒的能力。之後，哈佛大學心理學教授丹尼爾・高曼 (Daniel Goleman) 於一九九五年出版《情緒智商》(*Emotional Intelligence*) 一書，認為預測一個人成功的關鍵，不在IQ而是EQ。**高EQ的人能掌握自己的情緒、了解別人的情緒，也能與人圓融相處，同理心較高，能設身處地為人著想。**由此可見，容易「情緒激動」，即是低EQ的表現。幸好EQ可以經由後天改善，每個人都要學習掌握自己的心情，避免情緒失控。當情緒表現過當，能覺察別人的感受而自我調整。

情緒失控是長期情緒表達不當所致，「冰凍三尺，非一日之寒」，要使情緒表達適當，也需要長期的學習與涵養。情緒失控會破壞人際關係，甚至造成離職、離婚。所以人際溝通不僅是技巧，更是修養。溝通技巧是外在的，若沒有相應的內在涵養，「畫虎不成反類犬」，不僅演得不像，也會減少說服力。

情緒失控的一方，不僅要注意肝臟的健康，還要注意是否生活品質低落，如：睡眠不足、飲食不當、體力透支、工作負擔過重等；影響了心情，進而遷怒於人。情緒管理的根本之道，還是要找到牽動情緒的身心密碼，如睡眠、飲食、運動、身體健康、壓力等，調整好內在的身心狀態。多從事休閒活動或其他精神上的滿足，才能以客觀及樂觀的心情，面對外在的人事物。

還要有不被激怒，甚至能安撫對方情緒的能耐。不要一味討厭對方愛發脾氣，更要諒解他目前「還做不到」控制情緒的苦衷。給他一段時間調整，當然也不能太久，以免還沒等到對方改變，自己就先氣壞了。

要避免自己被氣壞了，就要培養耐心。這是主動積極的自我選擇，知道自己該何去何從；而非被動、不得不的決定，也就是壓抑、否認自我的感受。就像晴晴，壓抑自己的內在情緒，只是表面、暫時沒事，實際上卻削弱了自主權。弄得自己裡外不是人，茫茫然、無所適從。

在人際關係或性別關係中，「人人平等」及「自我尊重」十分重要。誰都有權主宰自己的感受與行動，尤其是地位較不平等的一方。**若不能改變相對位置，為自己發聲，對方只會愈來愈忽略你的感受。**

但是，我們雖有權表達生氣的情緒，方式還是要適當。不要情緒化地大發脾氣，**發洩非但不能抒解情緒，反而誇大了原有的感受。**也不要只生悶氣，自欺欺人的後果，永遠得不到別人的了解與尊重。所以，面對大聲說話的人，我們可以處變不驚、喜怒不形於色，先聽他抱怨、指責等，然後心平氣和地回答，並陳述我們的感受。

「生氣」會影響身心健康，「受氣」更是。高EQ的人不僅自己不容易生氣，也能「預防」對方生氣。緊急時還能化干戈為玉帛、化暴戾為祥和、逢凶化吉，像是江湖高手！「高EQ的人」不會「血氣方剛」，隨便製造衝突，把自己或別人陷於危險當中。行車糾紛時，常有人拿出一根球棒衝過來「理論」。奇怪的是，為什麼車上要帶一根球棒啊？

看看下面兩則因情緒失控而造成悲劇的社會新聞，在瞠目結舌之餘，更要思考：「生氣時如何避免類似的悲劇？」

案一：

楊梅鎮一對同居男女在嚴重爭吵後，男方引爆瓦斯造成氣爆，使得八樓家中的冷氣機、窗罩、玻璃碎片飛向中庭，差一點打中一名小女孩，也威脅到社區內一百多戶居民的安全。更糟的是，肇禍的吳姓男子自己受到百分之六十的灼傷之外，他的兩歲兒子，從八樓臥室床上被震出，摔落一樓中庭死亡。

吳姓男子是貨運行司機，四年前與十六歲的朱姓女子認識。朱女不顧與男友二十歲的年齡差距，執意交往、進而同居，不久即因生活、感情及家庭諸多觀念落差而時常爭吵。朱女生下小孩後，吳男擔心她外出工作會變心，堅持要她辭職回家帶小孩，但朱女不願困在家中。這次又為了要不要外出工作而爭吵，吳姓男子因一時情緒衝動，犯下無可彌補的大錯。吳姓男子有吸毒前科，警方對他有這種舉動並不意外。

案二：

二十三歲的陳姓男子與懷有八個月身孕的十八歲同居女友吵架，林姓女子像一團火球般奪門呼救，鄰居趕來為她滅火，林女的頭、胸、手腳有百分之五十至五十五之嚴重灼傷，陳姓男子則是胸、腹、雙手百分之四十灼傷。陳男說，他因一時氣憤，所以將自己的衣服沾汽油打算自焚，女友是幫他滅火才遭波及。但女子清醒後卻指控男友潑她汽油並點火，幸好林女腹中的胎兒無事，已緊急剖腹產出。兩人吵架只因當晚陳姓男子想出門，但女友不准，於是男子踢她所養的小狗，才導致後面一連串的失控場面。

情緒成熟 (emotional maturity) 是指情緒表達不再幼稚、衝動，且合於

社會規範，包括法律及道德的規範。我們都可以延緩自己發脾氣的時間及程度，甚至不再生氣。除了靠年齡漸增的社會歷練之外，主要還是心理成熟的程度。由上述兩個例子反省，如果我們是當事人，會不會生氣？生氣時又該如何處理？

以案一來說，吳姓男子比女友年長許多，還那麼幼稚、衝動，無法體諒年輕女友不想困在家中的心情，甚至懷疑女友外出工作就會變心。另外，吳姓男子有吸毒前科，為什麼朱姓女子仍不顧一切與他交往並生下一子？他們的溝通模式為何？最可憐的是那個來不及長大的小男孩，竟成了父母情緒失控下的祭品。但就算他有機會長大，在父母情緒表達如此激烈的環境下，恐怕人格也很難健全發展！

案二的男女主角就更年輕了，身心狀況都尚未發展成熟，竟已要為人父母。這齣悲劇暫時落幕後，胎兒的性命雖是保住了，但這對怨偶可能白頭偕老嗎？這個孩子的悲慘人生，恐怕才剛開始吧！

從上述二例可知，幸福的婚姻不像〈今天妳要嫁給我〉這首歌說得這麼容易。

今天妳要嫁給我　演唱：蔡依林、陶喆　作詞：陶喆、娃娃

聽我說，手牽手，跟我一起走，過著安定的生活。
昨天已來不及，明天就會可惜，今天妳要嫁給我。

在我們評論社會新聞事件的主角是否情緒成熟時，也該自問：在他們身旁的我們，是否也該盡一分心力，避免悲劇的發生？例如案一，吳姓男子與女友吵架一段時間了，雖然沒有發生什麼事，但**住戶若能打電話至內政部婦幼專線一一三、報警一一〇，或請村、里長幫忙處理，比什麼都不做來得好**。

生氣的控制或適當的表達，要從日常生活的小事開始。我的課程上，會經常舉出生活或工作的實例讓學生演練。要跳脫習慣甚至是本能的情緒反應，剛開始他們都大呼不可能、太虛偽了。

例如：有人把剛泡好的咖啡打翻而且潑在你的身上，不只弄髒了你的衣服，甚至燙傷了你的手腳，這時你會怎麼反應？如果這個人是你的上司、

朋友、配偶、情侶、子女、下屬等，反應可能不同嗎？你真的能「選擇」你的反應，而且做出「正確的選擇」嗎？你能諒解對方並非故意而不責備對方嗎？你能冷靜地處理傷口或更換衣服嗎？甚至**你能向對方致歉，表達自己也有錯嗎（不該將咖啡放在這個位置，而造成對方的失誤）？**

在學生一片驚呼「不可能」當中，我說：「你們的反應都屬正常，被燙到時難免會生氣及數落對方，但這是『正確的選擇』嗎？為何有人能做到唾面自乾、放下仇恨呢？所以『情緒管理』學無止境喔！」

前述這種被熱咖啡燙傷，你忍不住要責罵，也算「合情合理」，但表示你可以為了宣洩情緒而「惡言相向」嗎？例如，新竹縣有一位國小高年級導師兩年來不斷責罵某位女學生，導致該生有自殘行為。

女童的母親於六月中旬女兒國小畢業，才敢向教育局及人本基金會陳情。因男同學傳紙條給她的女兒以及女兒與男同學私下說話，就遭到導師當眾譏諷「花痴」、「花蝴蝶」、「妳有病」、「勾引男生」等，使女兒懼怕上學。半夜被家人發現她滿臉淚水、鼻涕，趴在桌上睡覺，還拿原子筆在身上亂刺。父母帶女兒就醫，又被老師痛斥為裝病。女兒下課時跑到輔導室求援，說不知道自己活著有什麼價值，好想跳樓自殺。不得已之下，家長只好讓女兒帶錄音筆偷偷錄下老師當眾高分貝罵她的言語。例如：

妳最好給我差不多一點，適可而止。什麼東西跟什麼東西啊！妳還渾身發抖，會想不開，全班要把妳捧著。妳到底還想怎樣？我都在忍耐妳，怕給妳把柄，我沒那麼蠢，我不是蠢材，妳擺臉色給人看，大眾面前嘰嘰呱呱，打掃時妳敢轉頭就走。……再給我擺一次臉色，就給我試試看！妳搞不清楚是嗎？妳怎樣？妳有什麼身分？……

這位導師被學校教評會記兩個申誡處分，但精神科醫師認為：「不應只處分，應該積極甚至強迫她接受治療。」該校校長表示該導師是位認真、負責、積極的老師，「有時是嚴厲了點，發生這件事後她也很沮喪，已接受心理治療……希望她不要再急躁，講學生的時候不要那麼大聲了。」

「當學生感受到親切與友善，受到讚美、肯定與尊重時，學習效果較好。」（詳參提姆・桑德斯著：《好感度》。臺北：天下，頁六三）上述這位導師的言語，已對學生構成身心虐待，學生怎能從中感受老師的親切與友善？更不可能覺得受到老師的讚美、肯定與尊重吧！如此怎會有良好的學習效果？這位老師為什麼沒有想到這一層？

以前，我常以不可思議的口吻，抱怨某些人的觀念與行為，恩師賈馥茗先生就提醒我：**「當別人做不好時，不要生氣；因為他不是『不願意做』，只是『還做不到』。」**老師的話在我心中發酵，之後我比較能將對方不理想的行為當做「正常」，因為這是他目前能做到的最好狀態。我不再那麼強求，也比較少生氣了。就像我的父親在我國中數學考不好時，不會罵我笨，而是說：「覺得困難是因為還不會，會了就不難。」他勉勵我以「愚公移山」的精神挑戰數學難題。因此，我不但不會因數學成績不好而沮喪，反而能接納自己目前的狀態，更加努力學習。我知道等我學會之後，狀態自然會改善。一時的不好，不代表永遠不行。如果父母師長能以此態度面對子女及學生，不僅自己不生氣，還能使對方覺得充滿希望，願意努力以提升目前的狀態。一般人際相處若抱持此種心態，就較能諒解別人，不會誤解對方是故意如此。

前述口出惡言的導師，確實應該積極接受治療。心理治療不是懲罰，而是幫助她改變現況。許多成年人不能覺察自己的問題，又一味排斥別人的協助，使得問題更加惡化。如果大家能諒解那位女導師「不是『不願意做』，只是『還做不到』。」只要積極治療與改善，她仍有機會成為好導師，而不是家長所擔憂的，將來再去罵其他的孩子。

攻擊絕非理想的溝通方式，只會造成受傷及反擊。但為何還是有人這麼做而且採取暴力攻擊？

暴力攻擊的方式包括肢體、性方面，以及語言暴力(violence of language)。中央大學洪蘭教授為文提醒父母：「想要孩子聰明伶俐，爸媽不要經常罵孩子、說刻薄的話，否則孩子不僅大腦整合變差，小腦也會異常，他的情緒、注意力和記憶能力都會受影響。」因為，「語言暴力跟身體暴力一樣傷害孩子，甚至還更厲害，肉體的傷會癒合，心靈的傷會一直淌血。」**洪蘭以哈佛大學醫學院等的研究說明，小時候長期受到大人責罵、挨打、冷漠、不關心，大腦會有嚴重的後果**。所以父母對孩子講話一定要小心，不要侮辱他、嘲笑他，小孩子不適合用激將法，正向的語言態度才能激勵孩子。

一位好老師不僅要避免語言暴力，更要讓學生感到親切與友善。對學生多予讚美、肯定與尊重，才能事半功倍。當我看到大學生缺課、遲到比率過高，以及學生上課滑手機、吃東西、睡覺、聊天等狀況時，剛開始我予以譴責，結果不僅他們覺得「忠言逆耳」，而且繼續「為所欲為」。罵人使學生更加抗拒，也影響我正常教學的心情。

而今我仍會碰到學生不當的上課行為，例如分組討論時「顧左右而言他」，上課時分心做其他的事。要罵是罵不完的，要氣也氣不完，所以我改採正向的語言，在他們個別發言或小組討論結果報告時，誇獎他們的觀點及表現；例如說：

「哇！你的見解獨到，意見非常有價值。」

「就算我研究這個主題多年，也沒辦法像你說得這麼好。」

「你們的表現就是我想要的，甚至超過我的期待。」

另外也積極向他們示好，例如：課後多跟他們聊聊或個別談話、對每個學生都儘量「噓寒問暖」、與學生分小組聚會（附帶一些小點心）。也就是恩威並施，不僅有「要求」，同時也有「關懷」。

教育工作如此，其他行業若也能讓服務對象「感受到親切與友善，受到讚美、肯定與尊重」，成功機率一定也會提高。

第3章

現代社會需要的表達力
——公開說話與溝通協調

今天的簡報又失敗了……在人前說話我總是會緊張、結巴，這樣我的提案還能繼續嗎？好害怕……我不敢問……
如果她報告時能自然大方一點，把所有想法都說出來，她的提案應該是能被採納的，太可惜了……

阿榕對自己的演講能力很有信心，整個人因而顯得有自信。反之，阿嘉非常害怕在公眾面前發言，儘量躲開或推掉上臺說話的機會，結果更顯得退縮內向。到底是公開說話能力影響了自信心？抑或自信心影響了上臺的表現？兩者之間存在著什麼樣的關聯？有沒有可能因此形成某種良性或惡性循環？

我讀高中時，恰好與名主播沈春華同校，我們並不認識，但她是知名人士，全校都知道她的演講傑出表現；幾乎所有校際演講比賽，都由她代表學校參加。日後她果然也靠著傲人的口才，在新聞播報及節目主持方面「出人頭地」。讀大學後我們不同校了，我也有機會代表臺灣師範大學參加校際演講比賽。在累積十次以上的勝利經驗後，我也建立了相當的上臺自信；因演講能力而比別人多了一份專長，增加了一項達成人生目標的利器。我始終覺得，能夠自在地公開說話，絕對有助於事業與人生。

公開說話 (public speaking) 通稱為「演講」，很多人覺得自己不是名嘴或主播的材料，雖然有機會上臺發表，或希望自己能成為演講高手，但仍然欠缺自信，沒有爭取或把握練習的機會。

名嘴或主播都是天生的嗎？不！**演講能力可以靠後天培養**。也許天生的聲音比較好聽、長相比較可愛，會寫文章而且儀態大方，成為名嘴或主播的機率比較高，學習演講也較能事半功倍。但事實上，不是只有名嘴或主播才需要練習公開說話，各行各業的成功人士，都得「上得了臺」。若我們的天生條件不夠，就要靠後天「人一能之，吾百能之；人十能之，吾千能之」的精神，努力觀摩及練習。磨練的目標包括：

一、「非語言溝通」技巧

㈠表情儀態

1. 臺風要穩健，表情、動作要自然及富於變化。立姿要端正，手勢不能誇張或不雅，身體移動不能過快。

2. 態度要親切隨和、從容風趣，與聽眾自然互動。不要固定站在一個位置而不走動，看來倨傲或冷漠，不想與聽眾親近的樣子。

3.衣著要清潔、大方、顏色明朗，適合年齡及地位，還能展現個人特質、魅力、專業形象。

4.表情要愉悅、笑臉盈盈，避免僵硬、嚴肅，使人有架子大、情緒不穩定的錯覺。

5.眼神要靈活，能環顧全場，且與聽眾的目光注視或交流。

㈡語音聲調

1.口齒要清晰、語速要恰當（可稍慢些）。

2.聲音要悅耳動聽（所以要保護聲帶），音調要有感情及變化（可提高音調）；但避免語調過於誇張、做作或過於平淡、低沉。

3.注意音量是否足夠及穩定，使每位聽眾都聽得清楚，但也不必太大聲。

4.注意語氣是否委婉，避免常常加重語氣，而顯得霸道或粗魯。

二、「語言溝通」技巧

㈠用字遣詞

1. 要營造幽默風趣的氣氛，用字能妙語如珠，但避免「華而不實」。

2. 文句流暢、文雅，重點分明、有條有理。

3. 精簡，切題。注意有否口頭禪、贅詞，或過於冗長、重複。

4. 要深入淺出，用詞生活化又能發人深省。避免自我炫耀或貶抑他人，以及憤世嫉俗、嘲弄、攻擊、強迫的字眼。

5. 善於描述（說故事、笑話），用字遣詞帶有情感、扣人心弦。

㈡ 內容呈現

1. 內容有創意、不落俗套，佐以實例或小故事。避免讀稿、背誦的方式，內容莫過於理論。

2. 具啟發性而非教條式，使聽眾產生共鳴。避免內容誇大其實，或單向式地自問自答。

3. 從正向思考切入，具有建設性（激勵作用），且依聽眾背景及需要舉例。

4. 方式獨特，使人回味無窮。開場、結尾能臨機應變，創造「好的開始」及「圓滿的結束」。善用電腦輔助，增加更多圖片、影片、重點等，使聽眾更易吸收且印象深刻。

要怎麼知道自己演講的優缺點，然後強化或改進呢？以下四招提供你參考：

1. 錄影檢討法：最簡單的方式，是將自己的表現錄影下來，先由自己觀看，找出優缺點後，再請家人或好友提供意見。最後由自己取決，要保留哪些優點及去除哪些缺點。

2. 專家指導法：透過系統學習，例如選修「溝通與口語表達訓練」課程，或參與相關機構（例如卡內基訓練）、大學或民間社團（例如演辯社、健言社、TED）的訓練，更能事半功倍。

3. 社會觀察法：不論是親自聆聽專家講演，或透過對「名嘴」的觀摩，都可間接學習。名嘴的範圍很廣，可以是自己的親友、師長或是節目主持人、民意代表等。有些電視節目如〈我是演說家〉，類似早期的「舌戰」，可觀摩到各路高手的口才。網路上 TED 的素材更是豐富，不僅可學習表達能力，也可增進專業知能。

4. 參加比賽法：許多歌星都是透過比賽琢磨技巧、增進歌藝，最終被唱片公司相中，進而進軍歌壇或重新出發。演講比賽亦然，可藉此看看高手的演說技巧。參加次數多了，只要不斷自求改進，終有一天自己也會是高手。

這四招最好同時運用，「多管齊下」更快見效！

最近，玉英的公公「失智」得愈來愈明顯，但她的老公總以為老人家就是如此、沒什麼大不了；又以自己工作太忙為由，遲遲未帶公公去做失智檢查。玉英自己也有工作，加上小孩即將大考，要操心的事不少。她幾次提醒老公注意公公的身心狀況，老公竟然發火。玉英被嫌嘮叨之後，只好委屈地閉嘴了，其實心裡仍有壓力。

可能是家庭背景的差異吧！玉英的家裡一直有相互商量及支持的習慣；看到老公與手足沒有共同商量公公的失智問題，不免有些著急。也許玉英想太多了，情況沒有那麼嚴重；有時玉英也和老公一樣，看到公公狀況還不錯就相信他沒事。可惜玉英無法像老公這麼樂觀，過不了多久，又忍不住催促老公帶公公去就醫。

艾里斯 (A. Ellis) 的理情治療法 (Rational-emotive therapy)，指出「不合理的信念」是構成錯誤行為的原因，例如「逃避比面對容易」。許多人寧願「走一步算一步」，樂觀地以為「船到橋頭自然直」，也不願直接面對問題、解決問題。萬不得已才偷偷想辦法，生怕別人知道自己有問題。更不肯直接請教有經驗或相關人士，公開討論如何處理問題。即使這個問題已影響到別人，只要對方沒有發聲，就不考慮他有何感受或損失。即使到了對方抗議，仍不認為自己有責任，還覺得是對方不能忍耐或無理取鬧。因為這個不合理的信念，造成玉英的丈夫每次總以逃避或爭吵收場，無法心平氣和地傾聽玉英的意見，更不可能與玉英或其他家人共同商量。於是公公的失智狀況，就在拖延之下，錯失最佳的治療時機。

反之，有些人的個性及態度剛好相反，即便使人感到不舒服或被誤解為壞人，也要及早把話說清楚。剛開始大家會怕這種人，認為很有壓迫感；久之就會感謝他的堅持。「鄉愿，德之賊也」，逃避或濫好人常是誤事的根源。這也涉及個人的溝通習慣，有些人不習慣向人請教或與人討論；總是把話悶到最後，或情願等別人先開口。

溝通習慣與個人的成長背景有關，最早影響我們的是家庭，接著是學校及畢業後的職業。如果家人之間經常互動，例如：一起吃早餐、晚餐、散步、出遊等；父母經常鼓勵子女表達或詢問子女的感受與意見，子女就能學會表達，也尊重別人的感受與意見。反之，若意見不被父母重視或常被否定，甚至不准表達；久之，就不確定自己有何想法，甚至害怕表達己見，也不願聽到別人不同甚至相反的觀點了。

心理學家魯夫 (Joseph Luft) 與朗翰 (Harry Ingham) 於一九七〇年代以「周哈里窗」(Johari Window) 這個概念，說明自我坦承與回饋的重要。如上表，每個人的自我都有四個部分，包括（詳參陳皎眉、鍾思嘉著：《人

周哈里窗

	自己知道	自己不知道
他人知道	開放自我 （Open Self）	盲目自我 （Blind Self）
他人不知道	隱藏自我 （Hidden Self）	未知自我 （Unknown Self）

際關係》。臺北：幼獅，頁四〇－四六）：

1. 開放自我：關於自我的訊息，是自己知道、別人也知道的部分；例如我們的基本資料及外表等。

2. 盲目自我：關於自我的訊息，是別人知道得很清楚、自己卻不知道的部分；例如我們的一些小動作、口頭禪、習慣、特質等。

3. 隱藏自我：關於自我的訊息，是自己知道、別人不知道的部分；屬於個人的秘密（例如曾經犯罪），或不說別人就不知道的地方（例如沒有吃早餐）。

4. 未知自我：關於自我的訊息，是自己不知道、別人也不知道的部分；如佛洛伊德學派所說的潛意識被壓抑的部分、早期已遺忘的經驗或潛能。

魯夫認為，**一個人的「開放自我」區域愈小，人際關係跟著愈不好。**要改善人際關係，則先要學習自我開放。只有當我們信任別人，才能自我開放；然後別人才敢對你說出真正的看法。**能不能自我開放，等於能不能信任別人。**

「為什麼不敢告訴你我是誰？」不能信任別人的原因很多，也許是曾經自我坦誠卻遭到傷害。然而以人際關係而言，坦誠像是一種交換，我對你坦誠，你也要對我坦誠；否則我會覺得吃虧了，造成關係的中斷。

坦誠原本是為了增進彼此的了解，若另一方未回報以坦誠，則代表有所保留，於是雙方就無法進入更深層的互動。當對方能坦誠以待時，不僅可以增進彼此的關係，而且透過別人的回饋或客觀的觀點，我們才得以更認識自己，進而更有自信。此時，個人的「盲目自我」區域才會縮小。

至於「隱藏自我」區域的大小，不一定愈小愈好。我們還是有必要保留一些隱私或秘密，不必什麼事都向別人坦誠。所以，也不能強迫別人凡事都要坦誠。如果雙方的親密程度還不夠，聽到對方的隱私及秘密，會讓我們覺得尷尬及負擔。反之，如果是很親近的人，如親子之間、夫妻之間、至交好友等，若不能真心、深入地交談，則會使彼此的關係變淡。

上司及下屬之間、銷售員與顧客之間，常有這種不坦誠的現象；也就是當面或背後、表面及內心的不一致，造成彼此的不信任。所以，人際互動愈少的坦誠，代表愈少的信任。除非你要讓對方知道你不信任他，否則「自我坦誠」仍屬必要。

第4章

「成功日記」的妙用

——談「吸引回報」或「惡性循環」

有一天我看到一本有趣的書，看完後覺得非常實用。《我十一歲，就很有錢》這本書是財經專家柏竇・薛佛 (Bodo Schafer) 所寫，他藉著童話或寓言的方式，傳達理財觀念及行動。「財富」不一定是金錢，只要你覺得有價值的事物，都算財富的一種，例如：健康、快樂、自信、友誼。這本書不僅教你管理「有形的」財富，更使你獲得「無形的」財富。

書的原名是《一隻叫做 Money 的狗》，敘述一個十一歲的女孩撿到一隻受傷的拉布拉多犬。當她帶狗回家時，父母正為缺錢的事而吵架，父親嘆口氣說：「money! money! money……什麼東西都需要 money！」於是女孩就將這隻狗取名 "Money"，希望牠能為家裡帶來好運。接著神奇的事就發生了！這隻狗竟然會說話。原來 Money 的主人是個非常有錢的人，耳濡目染下牠也學會了理財之道。當牠知道女孩因為父母沒錢供她到國外遊學而煩惱時，牠決定「報恩」，教導女孩致富之道。女孩希望「有錢」，不但可以解決父母的債務問題，還可達成自己的夢想，所以學習動機強烈。

小狗 Money 教她的第一個方法是：寫「成功日記」，拿一個本子記下每天成功的事蹟。單憑記錄成功的事件，就能夠致富嗎？其實 Money 是在教她培養成功的性格，也就是從注意自己的成功開始，進而「發現」自己是有能力的人。

看到書中這一段時，我也趕快拿出一個本子，開始寫我的「成功日記」，希望能招來更多「財富」。當我開始記錄自己的成功事件後，很快地產生了效果；原本就蠻有自信的我，更覺得天天充滿信心與活力。

我也為讀國中的女兒寫「成功日記」，效果出乎意料的好！愈記錄她的成功，她的成功表現也愈多，而且「毫不勉強」的樣子。記錄的方法包括觀察及詢問，我把成功日記放在顯眼處，使她「不經意地」就能看到。一年多後，她用很成熟的口吻對我說：「我覺得這些事並不算是成功，因為都是應該做的事。」讓我對女兒非常佩服，母女關係也更加輕鬆愉快。不像從前對待兒子，我只注意他的不良行為，他非但沒變好，反而使親子關係緊張、疏離。

我看到女兒的成功表現愈多，就愈喜歡她，她知道我喜歡她有好表現，因而願意表現得更好，這就是社會心理學的「吸引回報效應」(attraction reciprocity effect)。

什麼是「吸引回報效應」？

人際之間的「喜歡」是一來一往的，那些受到我們吸引的人，我們也會受他吸引。也就是說，**人們傾向喜歡那些喜歡他的人，這是一種「回報」行為**。所以你希望別人喜歡你，就得先喜歡別人。反之，若你不喜歡別人，對方也不會喜歡你。延伸來說，當你覺得對方不夠愛你，則是因為你還不夠愛他，所以他「回報」的分量就不多。這個理論既符合人性，也有些矛盾。符合人性的地方是，人們都希望討人喜歡、吸引別人，所以自然高興看到別人喜歡我，也不會拒絕他們的喜歡。但，矛盾的是，人們多半希望別人喜歡我、對我好一點，然後我再給予回報；卻不願意先付出、先對別人好一點，以獲得別人的回報。

可惜！正面回報不容易學習，負面的「一報還一報」或以暴制暴卻不學自會。雖然我們明知「冤冤相報何時了」，卻很難看到對方的優點，很難喜歡對方。如果你目前有此「危機」，眼裡都是對方的缺點；繼續下去，雙方的關係一定不保，例如情侶之間、夫妻之間、同事之間、上司及下屬之間、親子之間。

快！找出一個本子記錄對方的優點，或提醒自己記得對方對你好的地方。這麼做，原本令你討厭的人，很快地就會對你有正面「回報」。其實，在他未回報你之前，你已給了自己回報——心情變好。

成功日記可運用在三種人身上，「回報」的效果都很好：

1. **自己：**可增強自信、擴充能力，覺得更有活力及成就感。

2. **所愛的人：**就像我對女兒的實驗，效果就十分驚人，使她能自動自發做到更多成功的事，將個人的優點發揮得淋漓盡致。她得到的讚美愈多，我對她的管教也愈輕鬆，真是皆大歡喜。

3. **目前不太滿意的人：**這部分我的實驗對象是老公及兒子，我發現自己老是注意他們的缺點，讓我不由自主地很不開心，內心天天都要「神鬼交戰」。明明很愛他們，卻經常挑剔他們。記錄他們的成功及優點之後，改變了我的眼光及心境。

「成功日記」要持之以恆，記錄較長時間才有效果，大約要半年到一年，許多人試過之後也都同意。**也許你可以試著記下「敵人」的成功之處，說不定會有意外的收穫**。至於要寫些什麼？以我為例「野人獻曝」：

◎記錄自己的部分：

1. 吃十穀米。
2. 早上排泄順暢。
3. 練習瑜伽。
4. 對老公表示讚美。

◎記錄女兒的部分：

1. 陪媽媽去看外婆。
2. 能自己轉換心情。
3. 做數學評量時，能自己克服困難。
4. 送同學自製之生日卡。

◎記錄老公的部分：

1. 煮咖啡給我喝。
2. 削水果給家人吃。
3. 穿得很帥。
4. 招待我的學生晚餐。

記錄四條其實太少，我建議至少記十條。

喜歡帶來喜歡，若是討厭呢？當我們咬牙切齒地批評某些人的「劣行」時，他對我們的觀感又如何？彼此的人際關係該如何繼續？先由下列的案例來觀察：

案一：

小芸熱情開朗、笑口常開，剛過三十歲生日，擁有一份不錯的工作。表面上看來一切順利，其實卻問題重重。首先她跟室友處得很不好，最近急著找房子搬出去。再來她跟同事處得也不好，因為鬧得太僵了，同事還因此決定辭職。她跟上司相處的狀況最糟，這已是她調動的第三個單位、接觸的第五位主管了。不論哪個單位，她總會與上司及一些同事水火不容。而今她「終於」被第五個主管開除了。之前其他單位的主管，都對她採取容忍及開導策略，實在不行就「協助」她調動，但這次的新主管卻不再給她重來的機會。

她沒有男朋友，沒了工作，也沒地方可去，真是走投無路！當然還是有人了解及同情她，但不足以改善現況！為什麼她跟周遭這麼多人處不來？「當局者迷，旁觀者清」，不知她是否能夠覺察到原因，如：當她情緒失控時，表情及言語對別人的傷害，已嚴重違反職場倫理。麻煩的是，她情緒失控的次數相當頻繁。雖然她很努力自我克制，但因為睡不好、食慾欠佳，事情似乎永遠做不完。而且總覺得周遭的人不幫她，都跟她過不去。這樣怎麼可能心平氣和呢？

案二：

曉君覺得自己快要得憂鬱症了，跟老公是自由戀愛結婚，而且當初是老公極力追求她，然而婚後卻發現兩人的個性有很大的差異。老公耿直急躁，說話直來直往，近來愈來愈常對她不客氣地說：「好了！妳不要再說了！」讓她有些話無法開口。最糟的是，老公與自己娘家在婚前曾有嚴重的衝突；雖然娘家早已不介意且努力示好，但老公卻耿耿於懷，極少陪她回娘家。

每當她獨自帶著孩子回家探望父母，都不知道「又」要為老公撒什麼謊！三個孩子都上國、高中和大學了，「似乎」學到了父母的溝通模式，有事情儘量不說，自己處理掉就算了；反正說了也沒人要聽，還可能被罵。曉君非常重視娘家，她相信娘家早就知道她為丈夫說謊，只是不說破。為什麼丈夫就不能像自己一樣愛娘家呢？看到日漸懂事、即將成家立業的孩子們，是否要「延續」不良的溝通模式，只求息事寧人呢？想到這兒，曉君的眼淚又禁不住掉了下來。

湯瑪斯（K. W. Thomas）歸納出一般人在面臨人際衝突（interpersonal conflict）時，會採取的五種處理模式：

1. 競爭（competing）：為了達成自己的目標而與對手競爭，是一種「我贏你輸」的模式。
2. 合作（collaborating）：雙方能共同合作，找出彼此都滿意的問題解決方式，是一種「雙贏」的模式。
3. 妥協（compromising）：為了解決問題，雙方都要做些讓步；有時自己要退讓得較多，換得下一次對方較大的退讓，是一種「有輸有贏」的模式。
4. 逃避（avoiding）：暫時不處理，看問題會否自然解決；甚至得假裝沒有問題，是一種「雙輸」的模式。
5. 適應（accommodating）：為了滿足對方的需求而自我改變與調適，是一種「我輸你贏」的模式。

乍看之下，第二種「合作」模式，才是最佳的衝突處理策略。但理想與現實常有不小差距，並不是所有人際衝突事件中，雙方都能心平氣和、沒有偏見，而願意與對方合作。

例如，曉君的老公對先前的衝突一直耿耿於懷，所以採取「逃避」策略；這樣做卻傷了曉君的心，甚至影響夫妻情感、親子關係，實在得不償失。然而，曉君自己也不高明，她以「適應」模式來處理老公與她的衝突，勉強自己接納老公的心情，並為老公說謊。但每一次這樣做，只會讓她更覺委屈，甚至懷疑自己得了憂鬱症。這不僅損及身心健康，也連累兒女，讓他們面對父母時左右為難。父母心情不好，做兒女的也難以真心快樂。所以多年來這一家人都活在假相和平當中，個個滿腹委屈與忿忿不平。

小芸則是習慣性地「競爭」而不自覺，但大家怎麼可能一直讓她贏呢？所以在上司、同事、室友採取「適應」、「妥協」、「逃避」等措施均無效後，在她仍不肯「合作」的情況下，大家只好與小芸「競爭」，最後她才會敗在上司的手上！

曉君可能還沒有罹患憂鬱症，小芸卻可能已經得了憂鬱症；但她們都需要改變自己，嘗試更好的衝突處理模式。**曉君要改用「妥協」與「合作」策**

略，不要勉強老公原諒自己的娘家，或要老公跟自己一樣愛娘家。接納老公當年受傷的情緒，再央求老公能否偶爾到娘家「露個臉」。

小芸則要改用「適應」與「妥協」的策略，尊重上司的職權，體察同事的心情，不能再「自我中心」，一味要別人遷就你；也該「將心比心」，學著為他人著想。漸漸地改善彼此的關係，才可能談真正的「合作」。

希望類似曉君或小芸的人，能夠儘快「懸崖勒馬」，不要「愈陷愈深」。苦海無邊，回頭是岸啊！

第3篇

職場倫理與溝通

溝通中的人性因素

剛從學校畢業的社會新鮮人，進職場最容易遇到的是「溝通應對上的不適應」。因為**職場與家庭、學校不同，特別重視上下級的進退之道，也就是「職場倫理」**。要懂得觀察同事或上下之間的溝通方式，不能用「自以為沒問題」的方法，更不能抱著「只要是我喜歡，有什麼不可以」的觀念。若「沒大沒小」、「說話不經大腦」，有意無意間就得罪不少人。若是「平時不燒香」，沒有好好經營人脈，需要別人幫忙才開口，就會遭到軟性拒絕或重重「踢到鐵板」。所以，工作上要「條條大路通羅馬」、「貴人相助」、「左右逢源」，就得學會「察言觀色」。

勞委會或教育部協助大專生工讀或實習時，將近一半的企業主認為，現在年輕人的溝通技巧需要加強。我擔任大學行政職務期間與工讀生接觸，也有這種感覺。也許「八〇後」、「九〇後」（一九八〇、一九九〇年代以後出生）的孩子，多半在父母呵護下成長，只被要求讀書而未學習生活，所以不知如何照顧別人、與人建立關係。好幾次我見到工讀生既沒有笑容也不正眼看人，加上「一問三不知」，再好的心情都會被破壞。我知道這些工讀生不是故意的，但更擔心他們「因小失大」，因為自己的無心之過，導致機構形象的受損，之後容易成為「永不錄用」的「失業一族」。

在家裡，你可以對父母大呼小叫、不理不睬，甚至斜視表示不服；在學校，你可以對不喜歡的同學甚至老師不假辭色、陽奉陰違，以消極抵制的態度表示不合作。然而，進入職場後，這些都必須「收斂」，否則將無容身之處。

有些職場前輩可能會送你下列處世金言（臺灣諺語）：

面要笑，嘴要甜，腰要軟，手腳要快。

你覺得太過虛偽嗎？其實這就是人性。大家都希望別人以笑臉、好聽的話對待我們，都希望別人能尊重及幫助我們；那麼，將心比心，我們也應同等對待他們。

第1章

不要搶我的小皮包

——談「職場禮儀」與「同理心」

日前我到臺中科博館演講，主辦單位找了位大學生接待我。這個大男孩非常有禮貌，不僅幫我撐洋傘，還一直「搶著」幫我提皮包。我們一陣「拉扯」，差點沒讓路人以為是搶劫。於是我端出老師的架子，把上課的教材搬出來告訴他：「不要幫我撐洋傘，也不必幫我拿皮包，這樣才算禮貌。」

「為什麼？」大男孩不解。我半開玩笑地說：

「這把傘那麼小，我自己撐都不夠了，怎能分給你遮陽？」

「而且，我的小皮包和你的衣服顏色不搭啦！」

希望他不要以為我故作幽默，但類似這種**不清楚是否有禮貌，或未覺察這樣做可能沒禮貌，甚至不覺得需要注意禮貌的情況還很多**。例如：我去學校演講，到達校門口時警衛直接問：「做什麼？」而不是說：「請問有什麼事？需要找誰？請稍等！我幫您連絡一下！」當然，我不是責怪警衛先生，也不奢求主辦單位派人到門口引導，但仍期待承辦人能先通知警衛先生，讓他不那麼「困擾」。

如果有人到校門口引導，他們的腳步通常很快，讓我在後面窮追猛趕，還是落後很多。或許因為他們工作太忙，才會急不可待。不過現在有人到校門口引導的機會很少了，大多是我到達學校後自己去找會場；結束後也常自己一人「落寞地」離去。

「人際關係與溝通」課程，我都從「禮儀」說起。絕不是外交官或進入「宮廷」，才要講究禮儀。一般人際互動若懂禮貌，不僅能表現得體、大方，雙方也都更自在、愉快。否則可能不知所措，或侵犯別人而不自知。因無心之過而使別人誤解你，結果「弄巧成拙」。**人際互動不是與三五知己相處的默契，與長輩、同事、顧客互動更要合乎禮儀，才是「好的開始」及「正確的第一步」**。

一般人常用、也常犯錯的社交或職場禮儀頗多，包括：

1. 不懂得奉茶，或把茶水倒得太多（超過八分滿）。
2. 打電話或接電話，未先報出自己的單位、職銜及姓名。
3. 進出電梯，未讓長輩或長官先進及先出。
4. 講完電話急急掛上，未等對方先掛電話。

5. 家人、長官或同事不在時，未能協助電話留言。
6. 約會或參加會議不守時，或找藉口為遲到狡辯。
7. 行進或上下樓梯，未照顧及體貼長官或長輩。
8. 收到別人的名片未仔細看完，即問一些名片上已有答案的問題。或念錯別人的名字，把別人的名片隨處亂擺，一點也不在意的樣子。交換名片時，未將文字的正面朝向別人。
9. 身為下屬、晚輩，卻搶著與上司、長輩握手。

若希望對外的表現不丟臉，不使組織形象受損；就要嫻熟下列職場禮儀 (etiquette of working site)。

一、社交禮儀

1. 有禮貌的措辭及耐心的態度。
2. 主動與人打招呼。

3. 與人互動時，保持笑容及正向的措辭，給人親切、熱忱的感覺。
4. 聽人談話時，眼神專注、溫和，不要打斷別人說話。
5. 虛心求教，誠心感謝別人的協助。
6. 穿著整潔、美觀，適合年齡及身分，不太過時髦或色彩繁複。

二、電話禮貌

㈠接電話時

1. 鈴響三至五聲內儘快接聽。
2. 拿起電話，先報上單位名稱及問好。
3. 聲音要清晰、溫和、有精神。
4. 聽不清對方姓名時，要問清楚。
5. 中途斷線時，由打電話的一方重撥。
6. 通話完畢，等對方先掛斷再掛上電話。

㈡打電話時

1. 選擇對方合適的時間。

2. 先報上自己的單位及姓名。
3. 確定接聽者身分後，再次報上自己的單位及姓名。
4. 清晰有條理地說明來電事項，準備摘記或備妥文件。
5. 欲聯絡者不在時，先詢問他回公司的時間，再委託留言。
6. 掛斷電話前需禮貌地結語，如：請多多幫忙、謝謝您、很抱歉打擾您。
7. 通話完畢，等對方先掛斷再掛上電話。

㈢ 協助留言時

1. 需記錄誰打給誰、來電時間、留話要點，並重述確認。
2. 將留言條放在對方桌上的顯著位置，並黏上膠帶以防遺失。
3. 之後再用口頭傳達留言一次。

三、電子信件等網路溝通的禮貌

1. 要符合一般信件的禮貌，包括開頭的敬稱、問候，以及結尾的署名。
2. 對所傳檔案，需做內容及目的之簡要說明。

3.重要或緊急事情，若以電子信函等網路科技傳達，務必再查核。以免對方並未開啟信箱或網路溝通管道，而未收到訊息。

4.公務方面的社群，不宜傳遞私人目的之訊息或公務機密，也不適合做複雜工作之交代或分工。對於社群訊息，不可置之不理，要定期回覆，但不可強迫對方隨時或立即回應。

5.重要事項要輔以真實的溝通，至少是電話，不可完全依賴電子信件等網路溝通工具。

6.切勿用網路溝通方式隨意批評別人，尤其是匿名式謾罵，甚至是網路霸凌。

四、行進及接待的禮貌

1.引導客人搭乘電梯，若客人只有一位，則讓他先進入；否則需自己先進入按著「開門」鈕，扶好電梯門，再請客人進入。出電梯時，讓客人先行，然後自己再快步出來。

2.若有其他人進入電梯，要主動詢問欲前往之樓層，並協助其按鈕。

3. 一般行進及上樓梯，應走在客人的左後方，下樓梯則為右前方，以便隨時協助客人。

上述禮儀請逐條檢核，若有不知道或疏失之處，務必立即改進。有些地方也許令人「不明所以」，如：「通話完畢，等對方先掛斷再掛上電話。」若雙方都在等待對方先掛電話，該怎麼處理？其實，這項禮貌的用意，只是要你不要太快或用力地掛電話，讓對方產生誤解或有不舒服的感覺。只要在通話完畢後，心中默數三至五秒鐘，再輕輕掛上電話即可。另外，如果對方的電話有答錄機或設為語音信箱，則可以留言或請對方回電。留言須簡要清晰，個人的單位及姓名勿忘記。留言一次即可，不要一再催促。反之，使用手機或答錄機者，應收聽留言，聽到留言儘快回電。**打電話若找不到對方時，再撥一次即可；不要因為很急，就連續撥打好多通。**若真有急事，接通電話後需特別致歉。

其他還有搭車、用餐、穿著、辦公室空間與人際互動等禮儀，均為上班族（包括工讀生）人際關係的「基本功」，不可不慎！**真正的禮貌不是形式、表面工夫或覺得被迫、虛假，而是禮儀加上體貼的心**。愈能體貼別人，就愈具有「同理心」。

我拿到博士學位正式工作後，就一直擺脫不了兼行政職的命運（教授兼「主任」）。剛開始因為年紀輕、資歷淺，還有新鮮感，所以願意「承受」多出的工作，但慢慢地就有「多做了」的委屈。不能有課才來、沒課就休息，還要參與校內外各項會議，花許多時間與上司、同事及學生報告、溝通、協調。於是對行政職產生排斥，真希望能「純教書」，既可安心放寒暑假，也不會挨上司責備或遭同事及學生誤解。但事與願違，不管我怎麼請辭，總還是得到長官的「賞識」。

我忍不住向恩師賈馥茗先生抱怨，結果恩師說：「**人長大了，就要學著做自己不喜歡的事。要把『必須做而不喜歡』的心態，改變成『必須做而喜歡做』**」。可惜我的慧根不夠，沒有真正聽懂老師的開示，仍然「勉為其難」地兼行政職，並沒有根本改變心態，所以結局慘烈。因無法與同事合作，造成「雙輸」的局面。當時我覺得同事、學生不了解、不支持我，對我沒有同理心。但是，我的同事及學生，應該也覺得我不了解及不支持他們吧！也就是我在他們眼中，也沒有同理心。

同理心 (empathy) 是指「設身處地」為人著想，以別人的立場體會當事人的心境；包括他的感覺、需要、痛苦等。心理輔導強調的同理心，更彷彿自己「暫時的死亡」，否則無法進入對方的世界。

我擔任主管時，只希望同事支持我，卻不了解同事不支持我的原因。由此可見，要做到「同理心」，實在相當困難。如果我當時願意先了解同事，相信大家都會比較快樂。

除了行政職務之外，我還有不少不太喜歡的事，例如：我覺得自己不適合上電視參加座談節目，要照著攝影師或製作單位的要求化妝、吹頭髮及說話，總覺得有違本性。我喜歡自己原來的樣子，不習慣別人對我「改裝」。但好友說：「不能那麼自私，只做自己喜歡的事；也要為別人想一想，也許有人因此得到幫助。」

有了同理心，就可「將心比心」，於是大事變小、小事變無。也因為能接納、不批判，所以不會產生誤解或生氣。有首歌叫〈白天不懂夜的黑〉，道出了人際了解的困難。

白天不懂夜的黑

演唱：那英　作詞：黃桂蘭

白天和黑夜，只交替沒交換，無法想像對方的世界。
我們仍堅持各自等在原地，把彼此站成兩個世界。

太陽和月亮的確截然不同，日升月落只在黎明之際「才有淺淺重疊的片刻」。但人我之間並沒有這個限制，只要你願意走進對方的世界，一切就會變得不同。所以當我們不明白別人為什麼這麼想時，採取行動吧！約他一起喝杯咖啡、吃頓飯、聊聊天。若還是不了解，就多談幾次吧！

如果可以重新來過，我當主任時，不會再執著自己喜歡什麼、不喜歡什麼，而會常約同事喝咖啡、吃飯，關心他們喜歡什麼、不喜歡什麼。至於我這麼做，是不是一定能得到同事的支持？也許不一定，因為可能有人不願意接受我的邀請，但至少我做了該做的事。對於自己不喜歡的行政工作，我會設法將它轉變為「必須做而喜歡做」的事，因為總要有人願意當主任，為大家服務，使同事及學生安心於教與學。

還好，對於學生我已經這麼做了，所以教學工作愈來愈愉快。我利用各種方法與他們「連線」，例如：

1. **主動對學生「噓寒問暖」**：利用課前、課後及課外時間，儘量多與學生接觸，親切、溫柔地與學生聊天，或當「服務臺」，為他們解決疑難雜症。也包括與學生「個別談話」，為他們排解各種困惑。

2. **主動邀約學生吃飯**：當然是我請客囉！除了在教室或學校附近聚餐

之外，也包括到我家裡做客，大家一起下廚。以美食來誘惑學生親近老師、與老師談心，這招還不錯，金錢、心力與時間的花費都很值得（不見得要花大錢）。

3. **主動了解行為背後的原因**：以前我看到學生種種不良的學習行為，如：缺課、遲到、睡覺、吃東西、分心做其他事情、上課跟同學聊天、不帶教科書、不交作業、報告馬虎等，都會生悶氣或以嘲諷的口吻處理，但不良的狀況通常不會得到改善。而今我會私下、個別詢問原因，一起商量解決的方法。不會只是「懷恨在心」，結果「損人不利己」。

師生之間愈來愈「心心相印」、「情意綿綿」、「依依不捨」，我也不會再因不了解他們，而誤以為他們偷懶、不用功、不喜歡老師。愈參與他們的世界，了解他們的個性及生活背景之後，就愈能給予祝福與鼓勵，會儘可能提供所需的協助。

不要直接就因「不喜歡」而拒絕接觸某些人，我們不是聖人，沒辦法很快地「喜歡」所有「不喜歡」的人。但**只要運用同理心，更深入了解那些「不喜歡的人」，「不喜歡」的感覺可能就會轉為「同情」**。

「見面三分情」，只要肯打破「仍堅持各自等在原地，把彼此站成兩個世界」的障礙，就有機會「化敵為友」。例如，到學校演講時，我不喜歡看到有些老師一邊聽演講一邊改考卷或作業。但有一次，一位年輕的女老師很苦悶地告訴我，她有兩個幼稚園階段的孩子，先生每天都工作到很晚，她一個人真的忙不過來，覺得好疲憊。這時我對她剛才聽演講時「努力」改作業的狀況，就「因了解而慈悲」，不再生她的氣了。

第2章

成功的人很少抱怨主管嚴厲
——「執行力」與「主從關係」

美商奇異公司是個結合科技與製造業的國際企業集團，前董事長兼執行長威爾許 (Jack Welch) 在〈威爾許談致勝〉專欄中，回答讀者的各種求教，例如下面這個問題：

「長期看來，嚴厲的主管比較能逼出員工能力、使公司成功嗎？」

威爾許回答：

「主管有多嚴厲，就看你的表現。……成功的人很少會抱怨主管嚴厲，掙扎求生的人比較會問這個問題。**因為，如果你勇於接受挑戰，那麼，嚴厲的主管將使你衝勁十足，激發你想像不到的潛能。**但如果你承擔不起，當主管認為你不符合標準時，你不會怪自己，而會怪主管『太嚴厲』。」

在威爾許看來，一般人認為的好主管，其實是沒有肩膀的人。這種主管以同樣軟弱、溫和的態度對待每個下屬，原諒每次失誤；甚至為組織裡最無能的人，改變既定政策。反之，**嚴厲的主管則一定要「把事做對」，會訂出清楚、富挑戰性的目標，並為目標定下實際的表現標準。**威爾許認為「執行力」(execute) 非常重要，這包括：

1. 確認公司有一套明確的價值觀。

2. 訂定績效標準。

3. 人員的安排以能進行最佳的執行為準。

4. 執行的優劣有一套獎勵制度。

5. 建立一套最適於執行的系統，包括優異人才的培養及在職進修，並且不斷剔除表現不佳的員工。

所以，**執行力就是透過人員安排、獎勵制度、在職進修等，以達到符合公司價值觀的績效標準。**

威爾許認為，「表現不佳的員工」是漠視公司價值觀的人，這種人多半刻薄、鬼祟、傲慢自大、前倨後恭。即使他的業績十分亮眼，仍算表現不佳。反之，**能夠尊重公司價值觀的人，即使目前的業績不太好，都值得給他第二次、第三次的機會。**

從威爾許的標準來看，你覺得自己是「成功的人」嗎？你的抱怨程度如何？上司訂出目標及標準要求你達成時，你的心情及反應如何？是怨恨、反抗抑或檢討、反省，並且自我激勵？能否感謝別人的提攜，並為自我的成長感到喜悅？

以我來說，多年前辭掉教授專職、成為自由工作者之後，我更重視自己的工作「品質」，非得做好「品管」不可。當別人直接告訴我工作的缺失，雖然聽了有挫折感，但我仍會表現得「非常高興」。因為我不怕嚴厲好主管，怕的是自己不被聘用時不知道「被開除」的原因。如果我**要立足，就得培養真本事，愈嚴厲的主管，愈有助於增強本領**。

其實，剛開始別人告訴我在文章或演講中哪些地方需要修改，而且是大幅度地調整時，我會很挫敗。但若拒絕改變，可能會「不歡而散」；冷靜想想，還是不能這麼愛面子或意氣用事。因此，若對方一再提出修正，我也會繼續「配合演出」，改到對方滿意為止。奇怪的是，修改次數多了，似乎也體會出「百鍊成鋼」的道理。發現自己還蠻有潛力，真的有很大的改善空間。我最積極能幹的小妹淑芳曾告訴我：「**妳能做的比現在更多**」**(You can do more than you do now)**，起初我聽了不服氣，覺得自己已經夠努力了。但看到小妹誠懇、堅定的表情，以及她為了完成博士學位及創業，做了超乎常人的努力，知道她是真的也相信我有這樣的潛力，更期許我能繼續成長、發揮更多潛能。如果能不以現狀為滿足，按著下列的步驟進行：反省→覺醒→修正→成長→反省→覺醒→修正→再成長→……，就會成為良性循環。反之，堅持自己沒有做錯或已經夠好了，就會維護自我尊嚴而更加固執己見，也愈來愈「不敢」改變。因為，改變形同宣布自己從前的做法是錯誤的。

其實，**真正的人才，絕不是從不犯錯的人，而是能承認錯誤的人。**甚至還能主動要求別人指出錯誤，或即使別人沒發覺，自己也能自動認錯、並加以改過。

如今，為了創造演講、授課、寫作的成功，我會在事前主動詢問對方的需求與目標，以免「事倍功半」甚至「做白工」。也就是說，為了達到成功，須做萬全的準備。

女兒在國中一年級時，參加全校母親節卡片創作比賽。最初她完成卡片時，疼愛她的爸爸說：「畫得真好！一定沒問題啦！」我說：「如果只是參加而不在乎名次，當然可以交稿；若要得名，還有很大的改善空間。」我不想說不中聽的話，讓女兒討厭我，於是要她自己想清楚，除非想得名，否則不必浪費逆耳的忠言。女兒考慮後，表示願意接受建議，我才把看到的缺失逐一告訴她。聽完她果然很沮喪，我再重申，如果連我這個美術外行都看得出缺失，妳覺得需不需要調整呢？後來她花了大半天時間修改，再問我：「這樣可以了吧？」我答：「很接近了，但還有些建議，仍然不中聽，妳要聽嗎？」女兒再次考慮後表示「要聽」。一整個星期天，我們就這樣反覆改了多次。她果然得了第一名，而且還能說出第二名、第三名的作品中，有哪些需要改善的缺失。

如果你是下屬，威爾許的建議對你就十分重要。只要你肯全力以赴，達成嚴厲主管要求的目標，你的潛能一定會能充分激發。然而若你是主管，除非擁有威爾許這麼高的權位，否則還是不要過於嚴厲。因為，主管有培訓人才的責任，若肯具體指導他，下屬就可能成長。其實，**大多數的下屬，是威爾許所謂「尊重公司的價值觀，但目前業績不太好」的人，這時主管**

是否「領導有方」，才是他們能否成為人才的關鍵。

但是「主從關係」並不如理論上說得簡單，英國《衛報》彙整出上司最痛恨的「部屬十大罪行」：

1. **遲到得太頻繁：**這會使上司覺得你不太在乎工作，萬一上司的時間觀念很強，或他恰好有急事找你，可能就會讓上司抓狂。

2. **自主性不足，不能自行解決問題：**不斷拿零零碎碎的問題來詢問上司，不僅打斷上司工作、增加上司負擔，也讓上司為你的「無能」感到困擾。

3. **凡事自作主張，自覺沒有請示上司的必要：**這種做法與前者恰好相反，凡事自己「裁奪」的結果，上司會覺得許多事都被「蒙在鼓裡」，而感到憤怒並無法對你信任。其實有些人並非自以為聰明、能幹，而是懼怕權威，所以才避免和上司打交道。

4. **很愛嘮叨抱怨：**嘮叨的多半是與工作無關的閒事，抱怨也毫無建設性，純為宣洩個人情緒。這樣不但沒有意義，而且浪費時間。

5. **公開場合扯上司的後腿或吐槽**：你讓上司下不了臺，但為了「人和」及「顧全大局」，上司通常不會當場反駁或與你撕破臉，但必然會破壞日後的信任關係。一旦有升遷機會，上司可能不會提拔你。

6. **對於上司所重視的事顯得無所謂**：漠不關心的態度，會讓上司誤以為你不敬業、不積極，甚而是不尊重及不支持上司。

7. **想跟上司更親近**：表現得太明顯時，上司會懷疑你的居心；也會擔心你因此不服領導。尤其是上司並不想塑造這種親信關係，不想給人偏心徇私的印象時。

8. **工作做不好時愛找藉口**：而且那些理由並不高明，次數多了，會讓上司覺得你在愚弄他；會誤認你以為上司不夠聰明，所以無法判斷你的藉口是真是假。

9. **拿些自以為有趣的東西介紹給上司**：你的分享也許自認很可愛，但上司可能覺得很幼稚。

10. **想要取代上司**：上司花時間心力培育你，你不但不感謝，還想取而代之。讓上司覺得心理受創，認為你太過精明，日後對你更加防備。

幾千年來，我國在帝制統治之下，科層體制嚴明。至今我國的文官體系還有職等之分，從一職等到十四職等，職等愈高，與基層的距離就愈遠。所以，當下屬「頂撞」或不服領導時，上司就容易覺得下屬「犯上」而生氣。但，下屬要為上司的情緒負責嗎？當然不是！為了符合職場倫理，就不能與上司有不同意見嗎？當然也不是！但你還是得知道，自己的某些言行可能使上司氣得血壓上升，要懂得「趨吉避凶」。

「主從關係」(supervisor-subordinate relationship) 是指雙方權力、地位有差異的垂直性關係。維繫良好的主從關係，是雙方共同的責任。以上司而言，除了掌握權力之外，也要有其他「帶人帶心」的技巧，使部屬願意服從領導。讓部屬對超出既定的工作時，仍肯額外地付出。以下屬而言，除了自知在權力上不如上司，而須遵守職場倫理外；如何與上司建立關係，如何與上司和諧相處，也是工作中不能輕忽的部分。

下屬除了善盡本分之外，若上司要你做額外的工作，這代表的意義有下列幾種。若你善解人意則相得益彰，反之則不歡而散。

1. **他覺得你有這份能力**。如果是這樣，則要感激他的賞識，並好好發揮所能，不讓上司失望。

2. **他想藉此考驗你的能力**。如果是這樣，這是你最佳的表現機會，機不可失，好好接受考驗吧！

3. **他對你的能力強弱並無成見**。純粹只是剛好遇到你，就叫你去做。如果是這樣，就做得更好些，超出他的期望，讓他刮目相看、印象深刻。

4. **他希望培養你這方面的能力**。如果是這樣，就要虛心接受，珍惜學習與成長的機會。

5. **他覺得你會願意幫他的忙**。如果是這樣，就不要辜負他的友好態度，也回報以更加友好的態度，於是你們之間就建立了更好的非正式關係。

6. **基於先前的經驗，他覺得把工作交給你很放心**。如果是這樣，就繼續維繫你過去值得信賴的良好形象，總有一天，他的回報會超過你的預期。

7. **他需要有人幫忙**。如果是這樣，就更需要伸出援手囉！因為，即使同事之間都要互助，何況是對上司。

8. **他覺得跟你的關係比較親近**。或上司想藉此拉近與你的關係，如果是這樣，除非你不想成為他的「親信」(in-group)，否則就快點把握良機吧！

企業招募新人時，大多會以「工作態度」為主要考量。甚至不介意你是否為本科系畢業，更看重是否具備該職缺的工作態度或人格特質。前臺大校長李嗣涔在臺大（九十五學年度）畢業典禮上提醒：「**你的態度決定你未來的高度，要謙虛、敬業、不諉過、守時、處處為人著想。**」

即使不是臺大畢業生，上述態度仍是工作者所須具備的基本功。大學期間，不只要充實專業知能，也要培養工作態度。除了「謙虛、敬業、不諉過、守時、處處為人著想」之外，**其他還要：負責、進取、反省、好學、熱忱、忍受挫折……**。知名大學畢業生可能的弱點是以為自己樣樣「高人一等」，但這種態度恰與工作需要的態度相違背，也就是不容易謙虛、認錯，不太肯接納別人的意見及指責。於是上司與下屬之間，容易對立。上司會覺得這樣的下屬不服從領導，也就是俗稱的「很難帶」、「不好用」；即使有才華，都不易得到上司的賞識。所以，**「懷才不遇」時，與其埋怨別人不欣賞自己，不如好好反省工作的態度！**

第3章

一定要懂得自我行銷

——「公共關係」與「破窗理論」

以前我總認為「天塌了，還有高個兒頂著」，對於找工作也是如此。所謂「樹大好遮陰」，只要依附著「大樹」，找個學校盡責地教書就夠了；至於學校如何招生或生存，不關我的事。

我曾在應徵某私立大學教職時，面試的人事主管問我：**「妳覺得要怎麼做，才能讓別人知道本校、提升本校的聲望？」**我一時難以回答，因為我沒有準備到這一題。難道一個當老師的，還要負責學校的行銷嗎？我結結巴巴、真的答不出來。之後我進入這所大學才知道，一個學校必須快速成長、跟上時代的腳步。有了明顯的進步，才有能見度。這個進步不僅是學校的硬體設備，也包括制度及願景。所以，**現代的學校會透過各種方式自我行銷。這讓像我這種只想專心教書的人，開拓了眼界。**

「學校興衰，人人有責」，每位老師的表現，都會對學校的聲望產生影響。老師不僅要好好教學，更要關心學生的前途及滿足家長的期望。了解學校的發展方針及特長，才能充滿信心、大大方方地告訴別人：「本校到底有多好！」讓學生及家長真正安心。

而今我成為教學、演講及寫作的「自由工作者」後，更重視「行銷力」，會利用各種方式盡力表現自己，提高個人「聲望」與「形象」，才能永續經營。「我」就代表「整個公司或企業」，我的表現「立即決定」公司或企業的未來。

多年前，私立學校即以「學校行銷」為重點來選擇適合的老師。而今在「少子化」的衝擊下，愈來愈多學校（包括公立學校）面臨招生不足的困境。**學校必須主動出擊，才能獲得家長及學生的「青睞」**。

一直以來，私立學校都必須靠行銷來維持生存，適應上較不困難。但公立學校則因沒有過這種煩惱，要請老師幫忙行銷，他們都不太能接受。覺得超出教育專業範圍，也違背讀書人的「性格」。士大夫不是應該謙虛、內斂，怎可自吹自播呢？

私立學校早就開始提醒專任老師負起學校行銷的責任，而今公立學校也要面對招生問題，再好的產品若無廣告及通路，一樣會滯銷。即使是最消極的「不廣告的廣告」，亦即「口碑」，仍需要服務對象（學生及家長）來協助行銷。當別人都已刊登廣告時，你還能堅持謙虛的美德嗎？

「公共關係」(public relations) 是指運用各種溝通管道，與不同的公眾建立善意的關係，公眾包括：員工、媒體記者、一般消費者、會員、投資人、社區民眾、政府機關等。「行銷溝通」(marketing communication) 則是以公共關係策略，支援產品的販賣與促銷。策略包括：對媒體發新聞稿、提供第三者證言、提供有力的銷售數據，藉由新聞稿的及時發布以增強產品的廣告效益等。（詳參孫秀蕙著：《公共關係理論、策略與研究實例》。臺北：正中，頁四一一）所以，**成功的企業一定會設法維護及增強自己的好形象；最好的方法就是超越別人的期待與想像**。例如：

我家附近有五家火鍋店，就算國人再怎麼愛吃火鍋，我仍「杞人憂天」地認為有些會倒店，也覺得有些店實在不必硬撐。能屹立不搖的店，除了維持原有的水準外，還必須開發新產品。這五家火鍋店中，某一家就擁有這樣的條件。我們一家人除了享受各自的「最愛」，如：女兒最愛冰淇淋，我最愛魚頭，先生最愛點心及飲料；此外，還有意外的驚喜。例如某次去吃火鍋，只是隨口說：「飲料只有冰咖啡嗎？如果還有熱咖啡，該多好！」沒想到，服務人員立刻過來詢問：「需要幾杯熱咖啡？」而且還可無限暢飲。當然價錢也要「合理」——一分錢一分貨，不是什麼都能「物美價廉」。

成功取決於顧客願意花多少錢，要吸引顧客就必須物超所值。成功不僅是滿足顧客想得到的，還要創新，讓他們驚喜。所以要不斷自我突破、嘗試「新觀念」，而非只是「避免犯錯」。許多人都以「工作是否有保障」為職業好壞的判準，但若留不住顧客，為何還要保障你的工作？執著於安全感的人，往往僵化、不妥協、不擅於調適，而且缺乏創造力。公共關係或自我行銷，絕不只是打廣告或看公司上層的領導。**組織中每個人的表現，都會影響企業的形象，甚至成敗**。例如：

有次我到某所大學上課時，先去總務處辦理停車費儲值。服務臺坐著一位同仁，可能是工讀生吧！她正在看漫畫，當我請問如何辦理儲值時，她回應：「這是由某位老師負責的，他不在。」之後我再問：「他何時回來？是否有其他人可以協助辦理？如果我下課再來，但已是午休時間，還可以辦理嗎？」她一律回答「我不知道」。當我失望而準備離去時，忽見辦公室有一人站起問：「有什麼事嗎？」工讀生驚呼：「啊！老師！你在啊！我怎麼沒看到你回來？」我覺得可能是她看漫畫太專心了，以及她似乎「不知道」自己的職責所在，所以那麼輕率地對待「顧客」，讓顧客對「企業」的印象不佳。

「敬業」不僅是指盡責地達成工作任務，當中還有許多表現的空間。「一問三不知」當然是毫無表現，若將此種態度視為理所當然，而不能為服務對象著想；或工作遇到「突發狀況」卻不能靈活變通，這樣的員工就毫無績效可言，比電腦語音服務還不如。

服務態度是最基本的行銷溝通，可惜不少員工不能覺察自己的壞習慣，成了企業公共關係及自我行銷的「殺手」。例如，《遠見雜誌》自民國九十三年起，年年公布各行各業第一線人員的服務品質調查結果（民國九十六年時，還調查了全國各縣市政府）。他們發現，臺灣「已無退步空間」，及格的比率偏低（約兩成），令人以為業者已不在乎顧客的感受。

《遠見雜誌》的調查，是由多位領有國際服務驗證執照的「神秘客」，親赴第一線「打分數」。服務特別好的例子如：神秘客帶家人到某遊樂園旅遊，吃了園區餐廳的炸雞餐後，表示孩子的肚子不舒服。安全室人員不但關心地詢問是否需要送醫，當神秘客要求提供腸胃藥或綠油精時，安全室人員禮貌表示不能給予口服藥，只能提供綠油精，並留下神秘客聯絡的方式。之後安全室人員立即找來餐飲部主管，要求炸雞店在檢驗報告完成前不可販售該產品。神秘客離園後，還接到遊樂園的關切電話。服務態度不佳的例子如：神秘客到另一家遊樂園，假裝弄丟了皮包，現場人員不僅未幫忙尋找，還要他自行到服務臺詢問。神秘客在服務臺等了半小時，只聽到服務小姐一直碎碎念。

而今消費意識抬頭，顧客會「投訴」還好，最怕他直接「以腳投票」，永遠不再光臨。所以，每位員工都須自問：顧客是你殺死的嗎？

為什麼工作態度欠佳？是怎麼退步的？我到學校或教師研習機構專題演講或授課時，發現有兩個現象日益明顯：其一，研習時老師埋頭猛改作業或出考卷的比率漸高，而主辦的主任、校長也無計可施，於是改作業或出考卷的狀況更加嚴重。另一是，參加研習的人數愈來愈少。可能是相關的研習太多，老師疲於奔命，所以能不參加就不參加。而且無明文規定非參加不可，不參加也沒什麼影響，所以報名人數及實際參加人數，一直打折扣（打很大的折扣）。

有一次，我到某教師研習中心教授一系列的課程（四個週六，共二十四小時）。剛開始的報名人數是四十人，第一次就有五位沒來，之後每週減少五位，四週結束時只剩二十人。最近我到某校的研習活動，也看到同樣現象。報名人數為五十二人，實際出席只有二十六人。關於這種狀況，我請教過學校或研習機構的承辦同仁，他們多半無奈甚至束手無策。因為研習是免費的，不來也沒有什麼損失或處罰，大家就任由這種「報名後卻不來」的現象擴散，這就是心理學所謂的「破窗效應」(Broken windows theory)。

美國史丹佛大學心理學家辛巴杜 (Philip Zimbardo)，一九六九年在加州做了一項試驗：他找來兩輛一模一樣的汽車，一輛停在比較雜亂的街區，一輛停在中產階級社區。前者將車牌摘掉、頂棚打開，結果一天之內，車子就被偷走了。擺在中產階級社區的那一輛，過了一星期仍然安然無恙。後來，辛巴杜用鐵錘把這輛車的玻璃敲一個大洞；幾小時之後，它也不見了。

威爾森和凱林 (James Q. Wilson, George L. Kelling) 這兩位犯罪學的學者，依前述試驗提出了「破窗理論」。意思是：如果有人打破了建築物的一扇窗戶，一段時間沒人修理，路人一定會認為這個地區沒人關心、沒人管事；則可能受到暗示，打爛更多的玻璃窗。於是，**破窗子會從這棟建築開始蔓延，擴散到鄰近街道。「破窗戶」，將造成一種無秩序的感覺。**

從前的紐約市也是如此；有些「洗車流氓」守在路口或塞車的區域，朝擋風玻璃隨便噴兩下水，拿塊破布或報紙擦一下，就向車主要「服務費」，不給就踹車門或吐口水。市長朱利安尼決定整頓，從抓「洗車流氓」這種「小事」開始。不到一個月，「洗車流氓」幾乎銷聲匿跡，市民稱慶，觀光客也回流了。八〇年代的紐約市，地鐵車廂髒亂，到處寫滿了髒話。紐約市成功地運用破窗理論，從維護地鐵車廂的乾淨著手，將不買車票白搭車的人用手銬銬住，排成一列站在月臺上，公開宣示政府整頓的決心。紐約市從最小的地方著手，打破了犯罪的環結 (chain)。

看到「破窗」就應立即修復，縱使必須付出代價，但可避免破壞層面擴大。反之，**縱容低度犯罪或小小的失序行為，將會蔓延成更重大的犯行，此即所謂「犯罪升級效應」**。凡事須從小處著手以防範未然，要有「勿以善小而不為，勿以惡小而為之」的觀念。

例如會議時講話、遲到、缺席的狀況，有些主管就處理得非常果斷，是修補破窗的高手。例如給予客氣但堅定的提醒：「會議中不可以聊天或做其他事。」對於遲到和缺席的狀況，如何不讓它發生第二次，則要在事前強調會議的重要及為何必須準時，並訂定嚴謹的請假辦法。

有一段時間，大學生上課的脫序行為，造成嚴重的影響。我看著教室因學生缺課而空一大片，看到同學姍姍來遲卻一副不以為意的表情，看到他們對學習興趣缺缺，卻一直吃東西、聊天、趴下睡覺甚至化妝，真令我痛苦得不知如何「面對」。更擔心自己「無能」，也就是自己無能為力修復「破窗」。但我總不能因破窗太多，而「棄守」教學職責吧！

我決定效法朱利安尼的做法，從最小的地方著手，不讓破窗蔓延。我以堅定但循循善誘的態度，強調上課的班規（包括罰則）。上課睡覺的同學，我會前往殷殷垂詢，是否身體不適？若否，則要求他思考或發表某個問題的看法。不帶教科書或不參與討論的同學，立即請組員協助。遲到的同學，下課後要來說明理由；缺課的同學，絕不讓他成為「失蹤人口」。總之，儘快阻止「破窗」蔓延，否則無法發揮教學績效。

不論是企業整體或個別員工，你看到「破窗」了嗎？**如何積極地行動，不讓別人敢來砸破你的玻璃窗呢？**

第4章

你必須具有的「競爭力」

——即戰力、團體動力、跨世代合作

日前我打電話到某科大的師培中心，為自己原先答應的演講，因時間上的困擾而求助。接電話的秘書令人非常愉快，她的聲音輕快、對話簡潔、語氣肯定，而且表明會「立刻處理」及「不管怎麼樣，都會儘快將結果告知」。**讓人從電話就能感覺，她是個能夠愉悅工作、不嫌煩、積極又負責的好員工**。

另一次，我應邀到某私立高職為教師舉辦連續五場的專業成長工作坊；承辦的組長還算熱忱、負責，但從下列三件事看來，他似乎缺少了一些重要的工作態度與技能。例如：對於活動的辦理沒有預定方案，甚至一問三不知。不能主動詢問講者上課有何需求，沒有設想到把活動辦好的配套措施；最糟的是，拒絕講座提出的「簡單」要求！當我請求他將五場之不同的參加者名單，統整成一張表格，以便清楚掌握參加狀況時。他竟然很快地回答：「我沒有辦法！」即使拒絕並無惡意，仍要提出解釋或其他替代方案。**他所欠缺的是一份積極、主動的態度，以及有效解決問題的能力**。

為何有人對於別人拜託再三的事情，最後仍以「我忘了」、「太忙了」

或「沒時間做」來應付。甚至立刻拒絕：「我不會」、「我不知道」，表明不是自己的責任或無能為力。**也許他並未察覺這種反應有何不妥，給人什麼感覺，如何影響自己及企業的前途吧！**

日本趨勢專家大前研一在《即戰力》（二〇〇七，臺北：天下）一書中說：三十歲掌握「即戰力」，就是人生成功的關鍵。即戰力包括：語學力（一口流利的英文）、財務力，以及問題解決力。尤其第三項的「問題解決力」，大前研一說：這樣的人才，走到哪裡都會被企業以禮相待；因為，幾乎所有企業都欠缺解決問題的人才。二十一世紀是個沒有標準答案的時代，所以不能任憑直覺來解決問題，而須按下列步驟進行：

第一，先自問：「問題出在哪裡？」、「什麼才是問題？」

第二，從「為何會發生這個問題？」開始探究，並成立「如果這樣或那樣做，是否可以排除原因？」的假設。

第三，檢驗假設是否正確，若不正確，再成立新假設。

二十一世紀所需的人才，是可以自問自答而解決問題的人。解決問題的能力與天生的聰明才智無絕對關聯，只要按照大前研一提供的步驟去做，幾次下來就會「熟能生巧」。我讀到大前研一這個觀點時，正好也面臨一些困境，於是趁此考驗一下「問題解決三步驟」，看看自己是否算是能解決問題的人才。

我的困境是：從民國九十三年七月辭去專職後，在大學兼課的狀況不太穩當，面臨選修人數不足而開不成課的狀況。這個困境在某學期特別明顯，四個課程就有三個岌岌可危，人數分別只達十分之二、十分之四、二十分之四。分子代表選課人數，分母代表開課人數下限。所以，這三個班分別還差八、六、十六個學生選修。在此先公布努力的結果——這些課都開成了，再向你報告在加退選前兩週，我的心情與行動。

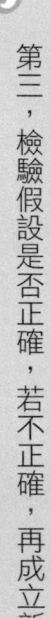

從前我碰到這種困境，通常會假裝不在乎而不做任何努力，也就是「課開不成就算啦！」但其實還是很沮喪，甚至懷疑自己的能力；產生「被害妄想」或「自卑情結」，覺得自己是兼任老師，較不受重視。惡性循環之下，並未真正面對問題、解決問題；反而是「一朝被蛇咬，十年怕草繩」，對於「課開不成」隱隱地感到恐懼、無助。而今我按照大前研一的三步驟，解決了選課人數不足的問題。

第一，先自問：**「問題出在哪裡？」**

以「選課人數不足」來說，問題可能出自：

1. 與其他課程「衝堂」（甚至是必修課）所以學生人數被瓜分或根本不可能來選課。
2. 排課時間較不理想，如早上第一、二節及下午最後兩節，還有週一或週五的時段，均會產生自然排擠效應。
3. 我的課上得不好或作業負擔較重，以致同學避免選課。

4. 系上排課太多，選課學生的母數不足。

5. 同學集中時段選課，例如集中在某一兩天或周二至周四，「落單」的課程即不容易開成。

當然，各校情況不一，所以需多向學生詢問，或向助教及系主任請教；才能準確掌握真正原因，知道努力的空間及成功的機率，然後對症下藥。

第二，從**「為何會發生這個問題？」**開始探究，並**成立「如果這樣或那樣做，是否可以排除原因」的假設**。

當我掌握各校不同的狀況後，即提出對應的「假設」，也就是「問題解決策略」。如：

1. 我要更認真上課，用最有趣又最有收穫的方式，誘導已選課的同學希望開課成功的「動機」，讓他們幫忙宣傳及努力。

2. 趕緊向系上報告課開不成的困境，探探系上的口風，也請求助教及系主任具體協助。

第三，**檢驗假設是否正確，若不正確，再成立新假設**。

經由上述兩個策略的努力，結果每門課都開成了，證明我的假設是成立的。

企業需要的人才，若連基本問題都解決不了，更遑論解決更關鍵性的問題。而且，**所謂的「問題」，不僅是別人看得見的部分，更包括能自我檢討，在別人還沒有發現問題之前，就能「預知」而預防問題的發生或擴大。**

除了解決問題，好的人才並不「自大」，不會單打獨鬥，能夠善用團結力量大的「團體動力」。但團體中不一定每個人都是助力，遇到阻力時，該怎麼圓滿處理「人的問題」？

我住的社區裡，住戶的訂報都會投在一個共同的報箱內。日前我們回臺南老家，所以拜託社區管理員幫忙把幾天的報紙收起，我們回來時再一併取回。可是返家時，卻不見任何一份報紙。管理員「暗示」：他看到某住戶的外傭把我們的報紙拿走了，但他不便出面。不料隔天報紙又不見了，我很生氣！老公說，沒有確實的證據，總不能說是管理員「告密」的，不好直接去向該住戶索討報紙。他說：算了吧！只是一份報紙嘛！再去買就好了。以後在報箱上貼張紙條「提醒」一下，也許那位「芳鄰」就不好意思再拿別人的報紙了。

我不贊成「息事寧人」的做法，這樣並不能解決問題。如果按照老公的邏輯，是不是我們乾脆替他家訂一份報紙，更可一勞永逸？「不入虎穴，焉得虎子」，我決定直搗黃龍，親自登門拜訪，了解事情的真相並澈底解決問題。我帶著女兒當「緩衝器」，順便「機會教育」。開門的是位老先生，當我自我介紹並說我家訂的是某某報後，他立刻說他也訂某某報，而且常常不見了。奇怪了！他怎麼知道我是來要報紙的啊？我順著他的口吻說：「是啊！是啊！報紙不見了，的確很困擾，你可以打電話請派報社補送。」這時他才說：「我家的報紙都是管理員拿給外傭的，所以外傭也不知道是不是拿錯了。」雖然今天是週日，管理員沒來上班，但我也不好揭穿，只是告訴他，可以指導外傭辨識報上加註的門牌號碼。當然，那天我家的報紙是順利拿回來了，之後也沒再發生類似狀況。至於芳鄰的外傭是故意拿錯，或誤拿別人家的報紙，就不是我「管轄」的範圍了。**我所要做的只是保障自己的權益，並讓女兒學習如何解決「人的問題」。**

許多人因為不好意思，或不知怎樣面對「不好惹的人」，而採取「息事寧人」、「委曲求全」的做法。的確，單純處理「事情」比較容易，要面對「人」就有困難。因為事情是固定的、不會改變，但人是活的，有怎樣的反應難以預料。「做事容易做人難」，就是這個意思。不只是與鄰居相處，工作中最困難的部分，往往也是「人的問題」。現在的學校教育愈來愈強調團隊合作，這是教育進步的現象。但並非將學生分了組，他們就懂得分工合作；如何協調才能公平分工？如何使工作如期完成且合作愉快？這些都需要透過學習。到了大學，還可看到學生不正確的分組及工作方式。如：

1. 只跟特定的人同組：優點是組員間較有默契，缺點則是容易排斥外來意見或所謂「外人」。萬一必須與不喜歡的人同組，或是隨機分組時，很難適應新團隊或情境。

2. 只願做自己想做的工作：分工時若只願意做某些工作，而排斥另一些工作，則易構成衝突而難以協調，甚至造成工作的停頓。

3.永遠訂不出開會的時間：因為大家都忙，沒有一個時段大家都有空，於是工作期限就在找不到開會時間的狀況下，逐漸消耗殆盡。

4.開會總有人遲到：遲到似乎已成現代人的通病，準時到達的人愈來愈少；以致愈來愈沒有人願意準時，工作進度也愈來愈難以規劃及掌握。

5.永遠有人拖延進度：就算分工了，總有人以各種藉口拖延完成的時間，以致影響後續的進行。

6.為什麼都是我在收拾爛攤子：總有些濫好人嘴上埋怨大家都不做，最後還是接受大家的「委託」，完成幾乎大部分的工作。或當大家都不管時，總有一個看不下去的人出面善後，但收拾爛攤子的人心理並不平衡。

7.總有人不勞而獲、坐享其成：有人似乎天生沒有責任感又厚臉皮，能推掉所有工作，卻又理直氣壯地分享別人努力的成果。

8.總有人鬧脾氣：有人就是可以不顧別人的感受，任意宣洩自己的情緒。不高興時，完全不隱藏不良的語氣與表情，責怪別人的話語輕易而出，完全不顧慮工作的氣氛。

「工作團體」(work group) 是指由一小群人結合在一起，面對面地討論如何解決問題或共同做決定。團隊成員都必須學習如何與其他成員溝通，以免因參與程度不齊而造成勞逸不均。團體運作良好與否，和團體的凝聚力有關，凝聚力又依賴團體的目標及成員間的友誼決定。過程中成員須盡力達成團體分派的任務、遵守團體的規範；而且團體決策應經充分討論後達成共識（詳參曾端真、曾玲譯：《人際關係與溝通》。臺北：揚智，頁三三四－三三八）。

上述團體成功運作的條件，讓我想起大學時的社團生活，以及與師大附中辯論社相處的三年美好時光。

我在大二時，擔任師大語言研究社（也就是演辯社）的副社長。感謝胸襟寬大的社長（現任臺藝大的林伯賢教授），讓我毫無顧忌、為所欲為。

感謝社團指導老師（張正男教授）及前任社長（現任國北教大的張新仁校長）不吝指導，讓我得以成長與發揮。大家一起辦了暑期「演辯營」，即使活動日期剛好遇到民間的「鬼門開」，盛況依然不減。

我從大二起，也擔任師大附中辯論社的指導老師，感謝那些才華洋溢的附中學子，毫無保留地接納實力不夠的我，給了我最珍貴的友誼。指導他們參加演講或辯論比賽，他們都基於對我的信賴而努力練習，也都獲得佳績；使原本害怕上臺的人，開始由衷熱愛演講與辯論活動。那種美好的感覺，是一輩子最甜美的記憶。

如同〈閃亮的日子〉（演唱、作詞：羅大佑）這首歌：「你我為了理想，歷盡了艱苦；我們曾經哭泣，也曾共同歡笑。但願你還記得，永遠地記得，我們曾經擁有閃亮的日子。」這些社團好友成了「朋友一生一起走」（出自周華健所唱的〈朋友〉），如今我幫學生辦演講與辯論比賽時，他們都義不容辭，擔任免費的評審（甚至還要贊助獎金）。

現代的學習要「跨領域」，現代的溝通要「跨世代」。

兒子大學畢業前，我跟先生想到我們投資了四年學費，決定無論如何也要去參加他的畢業典禮。兒子就讀的大學，以注重人文教育聞名，但我對當天看到的若干現象感到失望。首先，李家同先生在臺上演講時，臺下的聲音更大。典禮進行中，有些畢業生及家長，竟一直聊天甚至還吃東西，感覺畢業典禮比電影院還不如。有些畢業生沒坐在學校安排的位置上，站在會場後頭聊天及接手機。因為音量過大，我幾次回頭以眼神及手勢制止，他們都不予理會。這種「有己無人」的表現，彷彿「只要是我喜歡，有什麼不可以！」

當司儀宣布畢業同學向師長行禮時，臺上的師長也寥寥無幾，使我納悶：「為什麼老師不來參加學生的畢業典禮呢？似乎不太關心學生喔！」我這才體會，為什麼在世新大學專任教職時，校長要求全體專任教授務必參加學生的畢業典禮。可能是像我這樣的家長向學校反應的吧！學校未要求老師參加前，世新大學也一樣，教授們都不太參加學生的畢業典禮。經由校長的請求之後，現在世新大學畢業典禮已成許多大學的典範了。

更多的自由象徵更多的責任，近年因民主思潮的影響，父母、老師及長官愈來愈不敢「要求」子女、學生及下屬，結果造成上述「無政府狀態」。民主時代的長官或長輩，到底該怎麼有效地領導呢？

「領導風格」(leadership styles) 其實無所謂對錯或好壞，下列四種各有適用的情境及對象。（詳參鄭佩芬編著：《人際關係與溝通技巧》。臺北：揚智，頁三一二—三一四）

1. 指揮式領導：成員的能力雖不足，但尚有高度工作動機與敬業精神，領導者可給予直接的指示，並監督其達成任務。
2. 督導式領導：當成員的能力漸增，但工作動機與意願卻下降時，領導者要像教練一樣，一面督導工作，一面跟成員溝通，請其提供意見與回饋。
3. 協助式領導：當成員的能力已達一定水準，但無法持續工作的熱忱時，領導者要與成員多討論，包括讓成員參與決策，支持及協助成員達成任務。

4. 授權式領導：當成員的能力強，並有高度工作動機與敬業精神時，領導者可放手讓成員自行發揮、自我負責。

其實，被領導者遇到「授權式領導」時，不必太高興，若我們的能力及敬業精神不足，授權形同「放任」。反之，遇到「指揮式領導」時也不要太難過，這正是我們虛心學習的時機。即使酷酷的周杰倫，還是鼓勵大家要〈聽媽媽的話〉（演唱、作詞：周杰倫），不要一味地反抗權威，以為父母完全放手、不管我們，才算好父母。如歌中所唱：「長大後我開始明白，為什麼我跑得比別人快、飛得比別人高……」父母要我們做什麼或不要做什麼，**都有其用心。只要肯聽父母的話，我們會獲得相當多的益處。**

職場上的領導者與被領導者，存有「世代差異」(generation gap)，常見下列五個領域（詳參黃玲媚等譯：《人際關係與溝通》。臺北：前程，頁四一五－四一七）：

1. **對權威的看法**：年齡低於三十歲的人，生長在比較寬容的年代，所以比較會質疑主管，會公開否定主管的決定。

2. **對規定的看法**：年輕的同事對於規定，會視為可遵循或不遵循的建議，依自己對情境的理解而定。

3. **工作與休閒孰重的意見**：年輕的同事沒有經歷過扶養家庭的挑戰，所以會將休閒排在較高位置；且因目睹父母為工作犧牲，所以較知道如何平衡工作與休閒。

4. **科技能力**：對年輕同事而言，科技是生活中與生俱來的一部分；持續學習、因應科技變遷，是一件很自然的事。

5. **生涯發展**：年輕的同事明白，成功的生涯是靠個人的專業技能，與工作轉換多少次無關，而且還將不斷換工作當成晉升的手段，所以工作的穩定性較低。在年長的同事看來，下列年輕人的表現，是他們較難理解與忍受的，如：

1. 較沒大沒小。
2. 勇於表達己見，不喜歡別人對他下達命令。
3. 好高鶩遠、計較薪水、自視甚高、好辯解。
4. 難以承擔重任，挫折忍受及情緒管理能力較差。
5. 不肯加班卻動不動就請假，比起工作更重視休閒。
6. 公私不分甚至以私害公，尤其是遇到愛情問題時。

所以，**不同世代之間如何相互理解與接納，也是辦公室溝通必學的功課**。其實相互都有缺點與長處，若能「截長補短」則能「相得益彰」。例如：資深前輩欠缺e世代年輕人的電腦科技專長，資淺的職場新人缺乏工作經驗及訣竅；若彼此皆願向對方求教且貢獻己長，正可合作與互補。

這一頁，
留給自己……

第4篇

兩性相處與情愛溝通

相知比相愛更重要

不論婚姻型態如何變遷，從「先婚後有（友）」到「先友（有）後婚」或「先友（有）不婚」、「先婚不友（有）」，大家對於愛情的憧憬並沒有減少；反而因為忙碌，無法從容經營愛情與婚姻，而覺得心靈更加空虛。

我在世新大學開設「情愛溝通」課程多年，發現不少學生對於愛情有著不切實際的妄想，以為上了課就能使感情加溫。我只好潑他們冷水：「所謂『發乎情，止乎禮』，『發情』是不用學習的，但是兩性相處的『分際』，卻需要清楚並拿捏妥當。不僅是談戀愛時需要靠『溝通』來增進了解，日後的長相廝守，更需要溝通技巧，否則難以『長治久安』。」

「相愛容易相處難」，不僅相愛的男女有性別不平等的問題，職場上也常因「性別刻板印象」甚至「性別歧視」，造成相當大的困擾與痛苦。工作上要達到「不問性別、只問能力」，可能還需要一段時間。現今提倡的「性別平等」，是由昔日「男尊女卑」的不公平而來。所以男士們在家中或職場，會面臨女性與你「爭權奪利」的狀況。但現代社會，男性已無法要女性「閉嘴」或「夫唱婦隨」，一味感慨並不能解決問題，還是好好學習不同性別之間的良好溝通吧！

第1章

相信愛情

——新好男人、新好女人

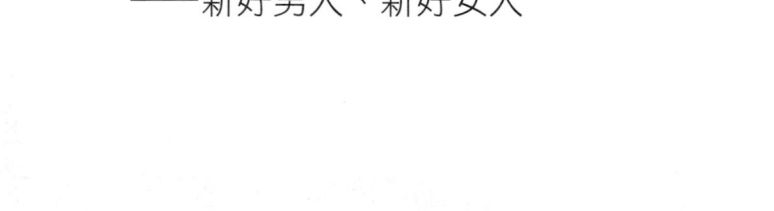

（婚禮現場）
抽到捧花的人就是下一個新娘唷！
就算抽到捧花，我能跟現在的男友結婚嗎？最近感情淡了，他好像不想給我承諾……
新人現在看起來很幸福，不知道是不是婚後各種問題就會冒出來呢？
婚前再甜蜜，婚後還是要跟對方一起持續經營感情唷！

一九四九年，愛德華空軍基地的工程師莫非 (Edward A. Murph)，在從事人類對加速度承受能力的實驗時發現，同仁們總是把加速計的固定器裝反，因而脫口說出：「會出錯的事一定出錯。」(If something can go wrong, it will.) 這句話被受試者在記者會上引述，很快地就在航太工程研究之間流傳，並陸續有人加上新的法則。

一九五八年，「莫非定律」(Murphy's Law) 正式被列入《韋氏字典》(*Webster's Dictionary*)。莫非所說的那一句話，被稱為「莫非第一定律」(Murphy's First Law)，後來又衍生各式各樣的莫非定律，例如：

1. 別試圖教豬唱歌，這樣不但不會有結果，還會惹豬不高興！
2. 別跟傻瓜吵架，不然旁人會搞不清楚誰是傻瓜！
3. 不要以為自己很重要，因為沒有你，太陽明天還是一樣從東方升起！
4. 好的開始，未必就有好結果。壞的開始，結果往往會更糟。
5. 你早到了，會議卻取消；你準時到，卻還要等；遲到，就是遲了。
6. 東西久久派不上用場，就可以丟掉。東西一丟掉，往往就必須要用它。
7. 排隊時，另一排總是動得比較快。你換到另一排，原來站的那一排就開始動得比較快了。

莫非定律是關於事情如何出錯的幽默規則，揭露人生不順遂的背後，「似乎」有個顛撲不破的真理。依此類推，婚姻的莫非定律就是「婚姻是愛情的墳墓」，愛情的莫非定律就是「愛情一定會慢慢變冷」。講到這兒你大概已經明白，原來莫非定律就是「壞事一定會發生」的預言。所以，相信莫非定律就等於進入壞事的「進行式」，而且這個厄運無法逆轉。

漫畫家朱德庸創作的《雙響炮》，就是婚姻中莫非定律的代表。有一則四格漫畫是這樣畫的：

第一格：一對老夫老妻一前一後地走著，兩人不發一語。
第二格：路過一個雙人座椅時，看到一對年輕情侶正在情話綿綿。
第三格：太太看了羡慕地說：「以前我們也像他們那樣。」
第四格：先生聽了冷冷地回應：「以後他們也會像我們這樣。」

結婚後，夫妻之間必然由熱到冷、由親到疏，從原本無話不談到無言以對嗎？如果這是顛撲不滅的婚姻定律，那麼「恐婚族」一定大增！也怪不得離婚率每創新高。然而真相卻非如此，「十年修得同船渡，百年修得共枕眠」，人類從動物性的「肉體吸引」，到心靈相通後的「相知相惜」，進而「承諾」攜手相伴一生，**都不是衝動的行為。必然經過反覆思考，才做得出最為理想的決定**。所以，婚後也要持續這種「理性認知」的活動，繼續經營夫妻情感，不輕言放棄或別離。

因此，我告訴學生「談情說愛」不只是講「我愛你」一千次，而是要透過談話深入對方的心靈。否則表面上愛得神魂顛倒，其實並不真正了解對方，「關鍵時刻」就可能發生嚴重的溝通問題。

愛情的三角形

提到愛情，一定會想到耶魯大學心理學家史坦博格(Robert Sternberg)提出的「愛情的三角形」(Triangle of love)理論。愛情包含三個元素，不同的組合即產生不同類型的愛情。愛情三元素是：

1. 親密(intimacy)：在溝通方面。
2. 激情(passion)：在生理方面。
3. 承諾(promise)：在責任方面。

搭配後，產生下列七種組合。

1. 親密＝喜歡
2. 激情＝迷戀
3. 承諾＝空洞的愛
4. 親密＋激情＝浪漫之愛
5. 親密＋承諾＝同伴之愛
6. 激情＋承諾＝痴愛
7. 親密＋激情＋承諾＝圓滿的愛

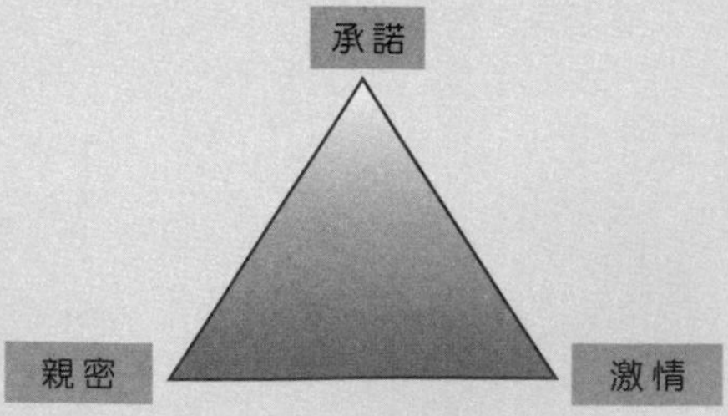

若要得到「真愛」，就得「親密＋激情＋承諾」，三者缺一不可、不可偏廢。生理上的激情，幾乎算是本能反應，不但不需要增強，還要靠理性來節制。**若要真正的羅曼蒂克，就得多多溝通，增加相知相惜的心理感受。**若還想要「擁有」對方，就需要給予及獲得「承諾」。當你不願與人「分享」，他也不想屬於你所「獨有」，愛情就會成為痛苦的源頭。

如果愛情失敗了，千萬別怪莫非定律，**你得清楚知道是哪一環節出了問題，別再重蹈覆轍。「會出錯的，不一定會再出錯」。**

現代的愛情與婚姻，是由「新好男人」及「新好女人」所組成。哪裡需要多一些新好男人？我覺得是學校。因為學校的女老師愈來愈多，爸爸們不知道怎麼跟女老師打交道，所以學校的親師懇談會、親職講座或須與老師講電話或當面溝通時，大都「推給」媽媽。親師活動的場合，放眼望去幾乎都是媽媽。老師要進行親師聯絡時，優先對象也選媽媽。

如今雙薪家庭愈來愈多，父母都有工作，為何教養子女仍多半是女性的責任？爸爸可以理所當然地不管嗎？可能因為爸爸較少跟學校打交道，惡性循環之下，就愈來愈「不敢去」學校了。我們應該請教那些少數肯來參加學校活動的爸爸，他們要克服的障礙是什麼？或者問媽媽，有沒有想辦法誘導爸爸到校參加親職成長活動或與老師溝通？

我見過誘導爸爸到學校最有功力的，應屬女兒幼稚園的許園長（小朋友暱稱她「羊媽媽」）。**每次幼稚園辦活動，都看到園長全家出動，可見園長已能誘導家人參與她的工作，她巧妙地將工作與家庭生活結合在一起。**園長介紹家人給所有小朋友及家長認識，良性循環之下，因為一份親切感，所以園長、老師及家長之間的互動愈來愈頻繁。辦活動時，不論是園長的家人，或是小朋友的爸爸媽媽，如果誰沒有來，反而變成不正常，彼此都會詢問原因。

「羊媽媽」在最初我要送女兒進幼稚園時說：「一般園長都會問家長，我的幼稚園是否適合你的小孩？但我卻要問，你們家長是否適合我的幼稚園？**若不能親自接送孩子上學、放學，就不適合我的幼稚園。**我希望家長對孩子的成長負起直接責任，唯有每天親自接送，才能清楚孩子的學校生活；有任何狀況，可以立即與老師溝通。」「羊媽媽」幾乎整天都在幼稚園，早上或下午碰到每位家長，都會親切地打招呼。她跟所有家長及小朋友的關係，就像是一家人。

「羊媽媽」會為爸爸們「專程」舉辦「父子早餐會」，這是只有爸爸才能參加的活動。這招真是高明啊！所以女兒讀幼稚園及附設的安親班共九年的歲月裡，她的爸爸都能很自然地到幼稚園接送孩子，與幼稚園老師們相談甚歡。可見「好爸爸」是可以調教的，各級學校加油囉！

家庭要幸福，子女要傑出，光靠女人能幹、堅強是不夠的，還需要新好男人自發性地「相妻教子」。如果家庭中的人際關係失去了平衡，女性承擔太多，不僅會覺得不愉快，還會以行動來抗議。這時男性就必須改變以往的人際相處模式，這就是人際調適 (interpersonal accommodation)，也就是要改變原有的觀念及做法，恢復人際「給」與「取」的平衡。若調適不了、無法適應變化，則可能破壞家人關係、危害身心健康，傷及無辜的子女及其他親人。

所謂「給」（或施）與「取」（或受）的涵義甚廣，可以指物質，也可以是感情。分際因人而異，有人重取輕給，有人給取並重。因此，人際關係調適的關鍵，端在當事者的心理需求（《張氏心理學辭典》，頁三四三）。

調適與適應

何謂「調適」(accommodation)?·皮亞傑 (J. Piaget) 的認知發展理論 (Theory of cognitive development) 指出，當我們遇到新情境，現有的認知結構或舊經驗足以應付時，即是同化，否則即須調適；藉由改變看法、觀念及判斷來適應新環境，否則就無法保持身心平衡。

與「調適」同義的是「適應」(adjustment)，是指：「個體能主動運用技巧，以增進自己和環境的和諧關係」，強調「主動性」及「彈性」。一個人適應力的強弱，就看他的彈性高低而定。

例如：德國為了拉抬生育率，推出了「爸爸計畫」：

產假和育兒假不再只是母親的「福利」，爸爸也可以請「育兒假」，假期多達十四個月，還可領六成七的薪水。愈來愈多德國男士因無後顧之憂，相繼請假在家照顧孩子。德國男性之所以如此，一方面因為希望透過男性的協助，使妻子快一點重返工作崗位，因為「高收入的雙薪家庭，才可能安心養兒育女」。另一個原因則是，現代新男性對傳統的父親角色有點膩了，願意改變自己。在家養育孩子，可以加深他們和孩子的關係。

日本社會因為工作時間較長，以致女性生育後為了照顧子女，很難同時兼顧家庭及事業，不得不辭職或調職到較無升遷機會的次要工作上。這讓日本女性倍感委屈，反制之道即是不願意生育，導致日本的生育率下降（依此類推，我國也是如此）。日本或許可以仿效德國的做法，改變男性的傳統角色，使家庭中的每一個人都更滿意。**這就是傳統男性在面對「新情境」（女性不肯在家做賢妻良母）之後，不得不做的「調適」。**

女人不等同於母職，女人也可以有事業。**家事不只是女孩子或太太的事，男孩子及丈夫一樣要做家事**。有些社會的男性，做較多家事時會被取笑或覺得委屈。幸好「新好男人」愈來愈多，他們的觀念是：「我不覺得家事一定是女性的事，誰做都可以！誰願意就多做一些。如果太太想多用心於工作，由男性來做家事有何不可？有人做就好，不論是哪種性別。」

但仍有不少婦女從不叫丈夫、兒子做家事，認為這是女性的責任。有些男性也聰明地儘量避免「幫忙」做家事，以免太太養成「壞習慣」而要丈夫分擔家事。管教子女上亦然，於是又回到傳統「男主外，女主內」的狀態。**女性自己也要調適，不要只體貼先生工作忙碌、要爭取升遷機會，而將家事及養兒育女的責任一肩挑**。犧牲女性的理想抱負，弄得疲憊不堪，最可憐的是有苦無處訴。女性也可以擁有自己的事業，也要爭取升遷的機會，一樣需要配偶的支持。

第 2 章

女人的自主與夢想

——性別平等與「自我實現」

2007八國高峰會(G8)於德國舉行，
各國領袖的配偶合照
我老公，很棒！
(德國總理梅克爾)
←第一先生紹爾

曾任法國總統的沙克吉，他的妻子西西莉亞在他當選時說：「我不認為我是第一夫人，這個角色讓我覺得無聊透頂，我寧願穿迷彩褲和牛仔靴到處亂逛。」沙克吉也早就聲明，西西莉亞不會扮演盡職的傳統第一夫人的角色。西西莉亞沒有陪丈夫去投票，他發表當選演說時她也不在場。沙克吉為選戰奔走的幾個月內，作風獨立的西西莉亞幾乎沒有公開露面過。直到沙克吉勝選慶祝會，她才隨便穿件灰色運動衫亮相，她還表示不一定會搬進總統府與夫婿同住。以沙克吉對女性的尊重來看，他的新內閣女性成員較多，十五位部長中有七位是女性。很可惜，沙克吉上任不到半年，第一夫婦即宣布正式離婚，終止了十一年的婚姻關係，西西莉亞可謂歷史上時間最短的第一夫人，沙克吉也承認他無法左右西西莉亞的想法。

二〇〇七年九月，阿根廷大選結果揭曉，原第一夫人克莉絲汀娜，成為阿根廷第二位女總統及第一位民選女總統。克莉絲汀娜從少女時代就喜歡政治辯論，曾說政治是她生命中最重要的事。她與丈夫既是夫妻也是政治夥伴。在丈夫二〇〇三年當選總統時，她就是知名的參議員，也是丈夫的最高顧問，而今丈夫則改為她的顧問。他們育有一兒一女，兒子三十歲，女兒十六歲。美國前總統柯林頓夫婦的情況也類似，柯林頓也積極支持希拉蕊參選總統（最後敗給川普）。

由上述幾個例子可見，女性不一定要「妻以夫為貴」，將丈夫的成就視為自己人生最重要的部分。西西莉亞不惜離婚，也不會為了「第一夫人」的頭銜而改變或委屈自己。克莉絲汀娜及希拉蕊，同時擁有家庭與事業，一直從事自己生命中最重要的政治工作。

致力推動性別平等教育的蘇千玲，在《我的母職實踐》（一九九八）一書中提到：「對男女孩天生具有差異（無論力氣、個性或需求）的迷思，讓人們用兩套不同的方式來教養他們，從而又加深其差距，這是性別文化的第一層謬誤；男尊女卑的傳統觀念，加上男主女從的日常運作，又讓男女擁有的權力和資源極其懸殊，這是性別文化的第二層謬誤。因此，男女之間只能以支配－屈從的模式進行。」

我國在民國九十三年六月二十三日發布「性別平等教育法」，就是希望透過教育來消除性別歧視，促進性別之實質平等。消極的「性別平等」指消弭「性別歧視」，避免由之衍生的性騷擾、性侵害、約會強暴，甚至家庭暴力、離婚、單親、非婚生子等社會問題。**積極的則為維護人格尊嚴，不分性別都可依自己的性向、興趣、價值觀、能力、專長等，規劃自己的人生。**

然而直到現在，社會仍認為女性應注重外貌、身材，有甜美的笑容與聲音，個性要柔順，不必追求高學位與事業成就。世新大學性別與傳播研究所羅燦煐教授曾遇到一位男士對她說：「以妳的長相，實在不需要念博士學位。」聽來讓人哭笑不得！

我曾收到一封研究所學生的電子郵件，讓我好想趕快為這位力爭上游的準媽媽加油。

Dear 淑俐老師：

每一位媽媽都希望在無憂無慮的環境生下健康的寶寶，但我還想要兼顧進修。女兒今年剛滿三歲，加上老公可以在暑假幫忙照顧小孩，所以我終於能來進修了。然而我又懷孕了，我的體質是屬於會孕吐的那一種，而且從懷孕起開始嘔吐，體重跟著一直掉，這一胎甚至還有出血現象。上禮拜莫名的大出血，嚇壞了全家人，醫生猜測是胎盤比較低，所以只要肚子稍微用力就會這樣，建議我乖乖躺著。

其實，我不顧老公甚至婆家反對，堅持還是要讀完；這樣做的壓力很大，但我就是固執地想繼續讀書，我很傻吧？

上您的課有助胎教，真的！希望寶寶能乖一點，讓我們一起有體力又快樂地聽到您美妙的聲音。謝謝您讓我請了兩次的假，愛您～～～。

第二天一早我進入教室，就先在黑板上寫下〈我還有夢〉（演唱：姜育恆，作詞：陳樂融）的歌詞。

上課時，我以最誠摯的心唱給她聽：「我還有夢，只要我的心挺得住，憂傷總要落幕。風何時把霧吹散，讓我的天空看得更清楚。」希望她能了解，完成夢想的過程，固然會遭到一些阻礙，但不要因此灰心喪志或埋怨公婆與丈夫；也不要過於逞強、一意孤行，不顧夫家的意見。其實，老公及婆家是基於關心，也許態度或方式較為強硬，令人感到委屈與壓力。若過於自我堅持，可能會使老公難做人，影響夫妻關係、婆媳關係。

醫師若「強力建議」必須「長期」臥床安胎，為了大家著想，當然也包括自己與胎兒，還是暫停學業較為妥切，日後仍可重回校園「圓夢」。只要自己不放棄，夢想終會實現。若醫師覺得只要短期臥床，之後還是可以正常活動；那麼就委婉地告訴先生及公婆，請他們相信自己會小心身體；希望獲得他們的諒解與協助，可以繼續進修的夢想。

女人要圓夢，有形、無形的阻力似乎特別大。我唸博士班時，因為先生是職業軍人，部隊在高雄，最多每週回家一次。長子讀幼稚園，婆婆與我同住，幫忙料理家務。但婆婆仍擔心我難以兼顧學業與家庭，要我考慮放棄讀博士班，讓我一時感到心酸。想到我的單親爸爸這麼辛苦撫養我長大，取得博士學位，不僅是我個人的目標，也是爸爸的盼望，怎麼捨得放棄？我與先生討論後，答應只要做到下列四件事，他就支持我完成夢想：每月一萬五，晚上不讀書，早日拿學位，婆媳能共處。

所謂「每月一萬五」是因當時我是全職學生，沒有專職工作、固定薪水，所以要在博士班課餘兼課或以其他方式，每月賺一萬五千元貼補家用；「晚上不讀書」是指晚上要專心照顧讀幼稚園的兒子以及做些家事；「早日拿學位」是指在四年內取得博士學位；「婆媳能共處」則是因為婆婆從臺南到臺北來幫忙，所以我也應做到媳婦分內之事。經過艱辛的努力，加上博士班師長的幫忙，我以不到三年時間取得了博士學位。

女兒讀國中時，想以師大附中為目標。雖然她的學業成績還有一段距離，但她相信：「只要有計畫地努力，就有機會完成夢想。」於是我們一起訂了國中三年的努力計畫：

第一年：達到班級排名第一、二名（原第十一、二名）。

第二年：達到段考五科平均九十五分（原七十五分）。

第三年：達到校排名全年級前三十名（母群體近一千二百人）。

國三時，她已依序完成第一、二年的目標。努力的動力源自於她的偶像「五月天」樂團所唱的〈倔強〉，其中的歌詞幾乎已成她的「座右銘」。

倔強

演唱：五月天　作詞：阿信

我如果對自己妥協，如果對自己說謊，即使別人原諒，我也不能原諒。最美的願望一定最瘋狂，我就是我自己的神，在我活的地方。

雖然她最後沒有進入師大附中，但也選到最符合及能夠發揮自我特質的中崙高中，度過了自由又快樂的高中生活。

一個人能否自我實現，與「自我歸因」的方式密切相關。「自我實現」(self-actualization) 是人本心理學家馬斯洛 (A. Maslow) 提出「需求層次論」(Need hierarchy theory) 七個層次的最高層；也就是在個體成長中，對未來最高境界的動機或願望（《張氏心理學辭典》，頁五八五）。七個需求層次依序為：生理、安全、愛與隸屬、尊重、知、美、自我實現。

「自我歸因」(self-attribution) 是個人對自己成敗行為的解釋，按溫納 (B. Weiner) 的理論，成敗歸因有三大向度：

1. 外在↕內在。
2. 固定↕不固定。
3. 能控制↕不能控制。

所以，個人的成功與失敗，不出下列四個因素：

1. 個人能力：是個人內在、固定、不能控制的，例如：真材實學、證照。
2. 事前努力：是個人內在、不固定、能控制的，例如：周密的計畫與準備。
3. 工作難度：是外在環境、固定、不能控制的，例如：問題與難關。
4. 一時運氣：是外在環境、不固定、不能控制的，例如：剛好沒有準備或意料之外的部分。

若能歸因於努力因素，也就是個人內在、不固定、能控制的部分，則成功機率較大。失敗者就是因為太執著於外在環境、固定、不能控制的部分，因而自暴自棄。然而，**對女性而言，「做決定」和「說不」同樣地困難。**女性自小就與競爭意識同在，即使一知半解，也能有自信地做出決定。女性則較關心能否得到別人的認同，較容易放棄自己的喜好與目標。女性會為了避免摩擦而讓步，較不重視個人的興趣。這部分即是**女性需要自我鼓勵及改變的地方，不要一味將責任推給旁人的阻撓。其實，自己的歸因方式，才是能否自我實現的關鍵。**

女人也應有屬於自己的夢想，不是只有相夫教子。總之，先做人，再做女人。希望所有女性都能如五月天所相信的：**「我就是我自己的神，在我活的地方」。**

然而，女性達成個人夢想，娘家欣喜之外，夫家能否同樣感到高興並引以為傲？

玉玲新婚不久，工作上獲得升遷，應是公私得意、滿面春風吧！然而，玉玲卻禁不住向雪華哭訴：「為什麼我的老公不能『以我為傲』？」原來，玉玲忙於工作而稍微疏忽丈夫，或與高采烈地與先生分享工作的成就時，卻遭到先生責備或冷漠以待。令她對先生的反應感到「驚恐」，更對未來可能面臨的家庭與事業衝突產生「隱憂」。如今她只是個小主管，先生的反彈就這麼大；玉玲擔心，若公司派她出國考察甚至外派擔任主管時，該怎麼向先生開口？

雪華聽完玉玲的訴苦，大嘆一口氣：「玉玲！你恐怕要認命了！放棄自己對事業的野心吧！否則你們遲早要離婚。我就是一個例子！從年輕開始，老公就是我事業上最大的擋路石；我的事業愈成功，他的抱怨也愈多。最後逼得我不得不做選擇，為了孩子擁有完整的家，我只好選擇離職。」天啊！玉玲結婚還不到一年，就要擔心「悲劇」發生！可是，她真的捨不得放下工作，一定要做出選擇嗎？

比較而言，居禮夫人就幸運多了；「幸虧」居禮先生有自信也很看重太太，否則她再有才華，也必須顧及男人的尊嚴及照顧子女的責任，犧牲自己的事業。居禮先生不斷鼓勵妻子向上，使她的事業心更加蓬勃。**居禮先生能以兩人共同的成就為榮，所以居禮夫人獲得兩座諾貝爾獎。**一九〇三年，居里夫婦和亨利・貝克勒爾共同獲得諾貝爾物理學獎，居里夫人是第一個獲諾貝爾獎的女性。一九一一年，居禮夫人又成功分離出鐳而獲得諾貝爾化學獎。她是第一個獲得兩項諾貝爾獎，而且是少數在兩個不同領域獲獎的人。

居禮先生尊重女性的態度，顯然得自他的父親老居禮先生的真傳。因為在居禮先生意外喪生後，老居禮先生仍願留下來協助居禮夫人照顧孫女，再度創造出了一個諾貝爾獎女性得主（長女伊雷娜與夫婿弗雷德里克，獲得一九三五年諾貝爾化學獎）。

相對地，愛因斯坦的太太就沒那麼幸運。一八九六年，梅麗可與愛因斯坦在瑞士聯邦理工學院相遇，她是班上唯一的女生，也是該校有史以來第五位女性學員。她與愛因斯坦交往之初，梅麗可就表明自己不太可能結婚；雖然她深信「女人也可以像男人一樣擁有一番事業」，但是她顯然也認為婚姻與事業無法共存。梅麗可終因結婚生子而疏忽甚至放棄自己的學業，最初她把希望寄託在丈夫身上，協助丈夫寫論文、固定旁聽他的課程。然而愛因斯坦卻沒有這麼寬大的心胸，他早與妻子斷絕學術上的合作關係，也從未想為妻子在他寬廣的科學天地中留一席之地。（詳參 Andrea Gabor 著，蕭寶森譯：《愛因斯坦的太太》。臺北：智庫）

如果你有居禮夫人這樣的才華或抱負，卻沒有居禮先生這樣的丈夫能給予支持與協助，除了哭泣，還能怎麼辦？為什麼男人會有類似愛因斯坦的心態，不喜歡太太的表現超過自己呢？所以女兒曾問我：

「將來怎麼樣的人能嫁？」

「當然是真心愛妳的人。」我說。

「怎樣才知道他是不是真的愛我？」女兒說。

「能做到下面這段歌詞的人，就是真的愛妳；我就是這樣愛妳的。」我說。

牽手 演唱：蘇芮 作詞：李子恆

因為愛著你的愛，因為夢著你的夢。
所以悲傷著你的悲傷，幸福著你的幸福。

真正愛你的人會看重你的所有大小事，會陪伴著你一起圓夢。

當我為「性別平等」的推廣而到各地演講時，常感受到某些男性的敵意。他們覺得像我這種「不知足」的女人，不算是賢妻良母。像我這種為了達成自己的夢想，不好好「相夫教子」的女人，簡直不可原諒。所以我會故意問男性：「如果你的女兒很有才華，卻因為夫家的阻擋或必須照顧幼子，而面臨家庭與事業的衝突時，你會不會心疼？你會不會支持女兒追逐夢想？」

仍有部分男性要女兒放棄個人事業與夢想，回家做個賢妻良母；這就是「性別角色刻板印象」(sex-role stereotype)，是對男女兩性應有何種行為之刻板區分的心理傾向。例如：男性應剛強、獨立、果斷，女性宜溫柔、依賴、順從。所以社會傳統對於男女的行為也有不同的要求，這就是雙重標準 (double standard)。

久之，**女性習於位居第二，很難信任自己的判斷，很難逃脫謙卑的地位。女性不敢真正表現個性，很少持有個人立場，自尊逐漸消逝**。即便是女性特有的優點，例如：感官、感悟能力（同理心）、直覺較強，較能體察別人的心境、情緒，擅於長期規劃、全面觀察，社交能力及語言表達能力也較強。有些女性不認為這有何稀罕，更別說「發揮所長」。**若女性自己都不能突破性別刻板印象，如何贏得別人的尊重及協助？**「抱怨」或「自憐」沒有建設性，唯有自我尊重及勇敢追求自我實現的意志與行動，才能改變不合理的現狀。

第3章

我不會吃不到麥當勞早餐

——「自我肯定」與「人際信賴」

最近我男朋友休假都待在家裡，不陪我出來玩，害我錯過好幾場電影了！
難得休假，我不想出門。
男友
大小姐，妳一交男朋友就忘了還有其他朋友可以約了嗎？腳長在妳身上，要玩就自己出來啊！

星期天早上九點多，女兒突然說：「我好想吃麥當勞早餐喔！」於是她去叫還在補眠的爸爸，問他能不能帶她去吃麥當勞？結果，爸爸睜一睜惺忪的睡眼說：「也不早點說，我還想睡，下個禮拜天再去吃吧！」女兒又拜託又撒嬌，爸爸只是翻個身繼續睡。女兒失望地離開臥房，這時我提醒她：「除了請爸爸帶妳去，怎樣還可以吃到麥當勞早餐呢？」我再提示：「如果爸爸不帶妳去，就吃不到麥當勞早餐了嗎？」女兒終於懂了，於是她再回到爸爸床邊說：「爸爸！我跟媽媽要去吃麥當勞早餐了，你要不要一起去？還是我們幫你外帶或你晚一點再過來？」

我們母女倆高高興興地出門了，一路上我一邊讚美她的「慧根」，一邊再鼓勵她「舉一反三」；以後不僅是吃飯、看電影，任何自己想做的事，都不要依賴別人陪妳或帶妳去，可以自己去或邀請別人加入。**不要因為別人不去，就影響自己原先的決定，尤其是不要「依賴」男朋友或丈夫。**

某次研習活動中，我舉了這個例子；有位學員告訴我，這給她不小的震撼；她就是那種一定要老公陪，才會去吃麥當勞或看電影的人，因為她不想一個人去。現在她疑惑了，到底是自己太沒主見，還是害怕寂寞？她也不太了解自己的心態。

一個有主見的人，也就是能「自我肯定」(self-assertion) 的人。有沒有主見或怕不怕寂寞，是否真有性別差異？昔日由於「三從四德」的觀念一直影響女性，所以若無男性允諾或陪同，女性就不敢出門或不想出門。除了性別因素外，我們是否容易因為別人的意見，而輕易動搖原本的決定？社會心理學的研究證實，自尊低落的人，較容易被別人說服。

人際衝突理論發現，不同人格特質者發生衝突時的結果也不同。人格特質分別有：攻擊型、退縮型、自我肯定型三種，衝突後的結果如下：

1. 攻擊型對攻擊型：相互明爭暗鬥，非得爭出輸贏不可；結果是「硬碰硬，兩敗俱傷」。

2. 攻擊型對退縮型：正好呼應了「一個願打，一個願挨」的狀況，退縮型的人注定吃虧，且更助長了攻擊型的氣燄。

3. 攻擊型對自我肯定型：不論攻擊型如何行動，自我肯定型都不受影響；因為他不想占對方的便宜，但同時也不會讓別人占自己的便宜。

4. 退縮型對退縮型：雙方都不敢有所行動，問題一直拖延、無法解決。

5. 退縮型對自我肯定型：此時，退縮型的人不僅不會吃虧，還能獲得自我肯定型的幫助。

6. 自我肯定型對自我肯定型：雙方能以民主討論的方式，共商解決問題的最佳策略，並且分工合作以儘快解決問題。

所以，不僅是女性，男性也應該培養「自我肯定」的特質。自我肯定的人不會過度依賴或討好別人，也不會占別人的便宜、欺負別人。同時能自我維護，不讓別人占他的便宜或欺負他。**更進而能助人，鼓勵退縮者逐漸能自我肯定**。

從吃麥當勞這件小事，我希望女兒了解：任何自己想要或想做的事，都不必等到別人協助才進行，也不要因為別人反對或阻礙而退縮。「確定」自己要什麼的同時，就要相信自己有能力完成它。小至吃飯、看電影，不需要別人陪伴；大至人生目標的抉擇，更是自己的責任。**千萬不要像「父子騎驢」的寓言故事，因為別人的意見或批評，輕易動搖原本的決定，終至無所適從、一事無成。**

為什麼我們既需要陪伴，又不能「過度依賴」別人的陪伴？

張奶奶常說自己一輩子命苦，她自小家境富裕，但父親忙於事業，母親只想當個漂漂亮亮的少奶奶，所以她從小幾乎全由奶媽照顧。還記得兩三歲時，因為很少看到親娘，有一次母親要奶媽帶她來給母親看，她高興地奔向母親，沒想到母親看到滿嘴口水的她，連抱她一下都不肯，立刻叫奶媽帶走。這件事雖然經過了好久，每次張奶奶提起仍然恨得牙癢癢的，生氣母親的無情。因為張奶奶對愛的缺憾，所以總覺得沒有人對她好。

反之，李奶奶常說自己好命，雖然大家都只看到李奶奶的辛苦。李奶奶要照顧四個年幼的孫兒，要照顧重病的女兒，要照顧臨終的老伴。但她永遠不抱怨，她最不缺的就是對人濃濃的愛。為什麼她能擁有那麼充沛的愛，可以源源不絕地付出？

有次我到南投演講，主辦單位一直要我當天住下，不要趕著回家。我說一定要回去陪國中的女兒吃飯，他們笑我是被逼的。我忙說：「不是！不是！是心甘情願的。」他們也許不能理解，孩子都那麼大了，為什麼還要陪伴？這其實是我為人母的一段痛苦的歷程，也是我最近才想通的道理。

二十多年前，就算你強迫我，也不會想到陪伴兒子吃飯。而今，我願意陪女兒做任何事，我願在她身邊隨時傾聽她的喜悲，可是為何當年我卻輕易將剛滿月的兒子，送到臺南交給公婆照顧？為何到兒子高中畢業，我都沒有想為他準備便當？而今我跟女兒說：「從妳出生起，我一秒鐘都不想把妳送走。」而且我天天為她做飯、帶便當，陪她做功課、追逐夢想。如今兒子對我有些疏離，可能是因為當年沒有及早覺醒與付出，我由衷向他致歉，我要告訴他：「兒子！我絕對是愛你的！」

陪伴是最好的禮物，小孩的成長過程、學生的學習過程、當我們快樂或迷惑不安的時候，都需要有人陪伴。這算是依賴的行為嗎？依賴別人是健康的心理嗎？有時候，依賴不僅健康，而且是必要的。要使身心達到成熟，不能僅憑生理成長，更需要心理的健全發展，這就有賴父母、老師、兄姐的指導。然而，過猶不及，父母師長不能強迫我們完全聽話，我們也不能事事依賴，甚至讓他們代替我們做決定。所以，「過度依賴」就是不健康的心態。憂鬱症患者需要親友直接的協助，但僅靠陪伴並不能治癒憂鬱症，還是需要心理治療或服藥控制。因為，別人不可能時刻陪伴在你身邊，更不可能代替你過日子。**過度的依賴，會讓自己更沒有自信，也讓別人想躲開你。**

過度的獨立也會變成孤僻、冷漠，成長過程中若得不到父母、手足、同學、老師的陪伴或扶持，就可能因為感受不到愛，相對也學不到如何愛人。**缺愛的遺憾即使事後彌補，也常常難以抹去當年的不滿。**

陪伴的時間愈多，才能愈從容地聊天。聊的天愈多，才能愈交心。有一次，我們一家人到早餐店吃完「早午餐」，順便陪女兒在附近買東西。當我和老公坐在路邊椅子上等待女兒時；雖然只有短短十來分鐘的聊天，卻覺得身心舒暢。這才發現我們夫妻倆，已很久沒有這樣無壓力的談話了。

從前在電視播出時間很短的年代，家人常有時間聊天。我的單親爸爸分外重視聊天的功能，常在晚上帶我們姐弟四人到外面散步。小孩子當然不喜歡「純散步」，爸爸總以到街上吃陽春麵為誘餌，誘騙我們出門，一路上「順便」聊天。

當我們長大離家讀書或工作後，每年除夕夜吃團圓飯，爸爸仍保有聊天的習慣，會主持「家庭會議」，**要每個孩子口頭報告過去一年的缺失及未來一年的計畫。爸爸說，這不僅可使家人之間更加了解，也可以得到需要的支持與幫助**。

我結婚以後，爸爸從高雄到臺北來看我，仍會把我拉出去散步、聊天。為什麼要拉出去呢？因為我與公婆同住，爸爸擔心有些話不方便在公婆面前說。每當爸爸問我有什麼委屈時，不是指公婆虐待我，而是因為他要我放心地把心裡的話無所顧忌、盡情地說出。

巧巧是我教過的一名大學生，男友比她大五歲。男友因與老闆衝突而辭職；半年後，男友不但沒找到工作，還說為了轉行必須再上補習班半年。可是，男友「說一套做一套」，仍然每天睡到日上三竿，然後又通宵達旦地玩電腦遊戲或上網聊天！

巧巧開始後悔，真希望先前能多花時間陪伴男友、多聊聊天，更清楚他的個性及未來規劃。才不致自己一個人乾著急，兩人一談到工作的事就爭吵。但現在開始陪伴男友及多聊天，還來得及嗎？

愛情當中除了生理上的「激情」，還要設法「心靈相通」，否則會「漸行漸遠」，感覺愈來愈不了解對方。終於有一天對方完全走出自己的世界，卻走進了另一個人的世界，為什麼會如此？

電視的選秀節目唱紅了一些歌曲，例如楊宗緯唱紅了曹格的〈背叛〉

（作詞：阿丹、鄔裕康）。

歌詞說：「儘管我細心灌溉，你說不愛就不愛，我一個人，欣賞悲哀」。儘管一方認真地經營感情，另一方仍然要分手。

分手之後，「冷冷清清淡淡，今後都不管，只要你能愉快」。本著「愛是犧牲，不是占有」、「君子有成人之美」的精神，只要對方快樂，即使自己孤單寂寞也無所謂。

因為，「愛太深會讓人瘋狂地勇敢，我用背叛自己，完成你的期盼」，所以只能「背叛」自己的情感，而成全背叛者的幸福，完全沒有責難。

當楊宗緯深情又心痛地唱著：「緊緊相依的心如何 Say goodbye」，真有一份「櫻花飄落」、「雪花片片」、「滿山楓紅」的淒美感，很能自憐及博取他人同情。甚至令人佩服其胸襟寬大，輕易就能原諒背叛者。

類似〈背叛〉這類寬宏大量的歌曲，還有周杰倫的〈安靜〉（作詞：周杰倫）。

當第三者介入時，只「希望他是真的比我還要愛你，我才會逼自己離開」。只要背叛者能幸福，自己情願成全對方。而且「你已經遠遠離開，我也會慢慢走開，為什麼我連分開都遷就著你」；被拋棄的一方不但不吵不鬧，還會獨自安靜地離開，並且跟背叛者說：「不用擔心的太多，我會一直好好過」。分手後會設法自我療傷及調適，不讓背叛者擔心。

總之，「我真的沒有天分，安靜的沒這麼快；我會學著放棄你，是因為我太愛你」。不論遭遇怎樣的創傷，為了愛，什麼都願意忍受。

而五月天的〈知足〉（作詞：阿信），對於背叛事件的處理就更超凡入聖。「如果你快樂，不是為我；會不會放手，其實才是擁有。」當我不能給你快樂，只要有人能給你快樂，我都願意成全。而且永遠「為了你而祈禱、而祝福、而感動，終於你身影消失在人海盡頭，才發現笑著哭最痛」。不會對背叛者有任何埋怨，只有一個人獨自心痛。「那樣的回憶那麼足夠，足夠我天天都品嚐著寂寞」，即使所剩的只有回憶，仍然十分知足。

雖然這樣的情歌太悲壯，但我還是希望大家多唱情歌，頂多把喉嚨唱啞，不至於無處宣洩或為了紓解壓力，而買刀子和汽油，使大家同歸於盡。還是把錢拿去買 CD 吧！這樣比較理性及有效。

現實社會中，面對各種人際關係的「背叛」，能像愛情那麼浪漫嗎？唱失戀情歌真的能解決問題嗎？恐怕做不到！因為**背叛是破壞「人際信任」(interpersonal trust) 法則，也就是對方的言行不一致、無法遵守承諾，且異常行為已超出我們的預期**。像是被人騙了錢，若這個人正好是自己最信任的朋友，而且沒了這些錢可能會要人命時。例如：

阿成是阿鴻最要好的朋友，卻「騙走」了阿鴻要交給房東的租金，只為了自己想換一隻超炫的手機。阿鴻要如何承受這種背叛？要不顧情面地揭穿阿成的謊言嗎？不論揭穿與否，今後又該如何面對阿成？結果，阿鴻選擇了「攤牌」，錢不一定要得回來，朋友當然是做不成了。

被人惡意中傷，或暗地被人「擺了一道」；陷害或與你唱反調的人，卻是你的盟友或同事時。例如：

曉莉擔任一所專業機構的主管，同事雖然不多，但學歷及能力均優；曉莉像是會議中的「主席」，凡事均依大家「表決」的結果進行，曉莉反而居於弱勢。最近發生的「背叛」事件，更讓她寒心。同事中有人帶頭，跳過她這個層級，直接向上級爭取某些權益。其實，這項權益曉莉曾經幫同事爭取過，但不幸失敗。若同事能爭取成功，未嘗不是好事。但這種「越級報告」的行為及「不信任」主管的態度，對曉莉形同一種挑釁；曉莉要如何面對同事的背叛？結果，曉莉選擇了辭職，因為她自覺無法重新獲得同事的信任，也不想再面對那些她不能信任的同事。

逃開「叛徒」，日子就能「安靜」嗎？心中還是會隱隱作痛吧！因為想不通朋友、同事為什麼這麼做？這種受傷及不被尊重的感受，可能持續好一段日子。但，恨別人或氣自己只是讓痛苦延續。**若能以「同理心」理解**

「背叛」的原因，也許能較快「放下」。情歌中「高唱」寬恕、成全、祝福，**還是有它的智慧**。所以，我仍鼓勵自己與別人多唱背叛的情歌，加上從事其他建設性的活動，包括：閱讀相關書籍，從書中找到答案；請教有經驗的過來人，聽聽他們從痛苦中獲得的智慧；找到新目標，參加更有意義的活動，例如擔任志工，幫助比自己更可憐的人等。

「做些事情」比起「一味哭泣」好得多，而且能更快「脫困」——原諒別人也放過自己，**想通「他們不是要傷害你，只是更保護自己」、「他們不是恨你，只是更愛自己」**，就如同孫燕姿唱的〈開始懂了〉（作詞：姚若龍）：「用心酸微笑去原諒了、也翻越了，有昨天還是好的。但明天是自己的，開始懂了，快樂是選擇。」

互信、互助、互愛、互諒，是一生的功課；所有的收穫，都是我們用心耕耘的結果。我們努力成為好農夫，繼續改進「人際關係園地」的農產品吧！

推薦 閱讀

【LIFE系列】

遇見・幸福：情愛溝通的22堂課

王淑俐／著

幸福遙不可及？學會溝通，你會發現，
幸福其實就在身邊……

本書以讓自己成為「對的人」，再去尋找或吸引對的人為核心，強調透過「溝通」解決愛情難題，進而找到適合自己的伴侶。內容涵蓋廣泛，包括辨識真愛、劈腿議題、安全分手等，共22堂情愛溝通的必修課程。